clave

Osho desafía cualquier intento de clasificación. Sus innumerables charlas cubren todos los temas: desde la búsqueda individual del sentido de la vida, hasta los problemas sociales y políticos más apremiantes a los que se enfrenta la sociedad actual. Los libros de Osho son transcripciones de sus charlas impartidas ante audiencias internacionales, y recogidas en su totalidad en grabaciones de audio y video.

Tal como él mismo declara: "Recuerda, lo que estoy diciendo no sólo es para ti…, también estoy hablando para las futuras generaciones". El diario *The Sunday Times* de Londres lo ha definido como uno de los "1 000 creadores del siglo xx", y el *Sunday Mid-Day* de la India, como una de las diez personalidades —junto con Gandhi, Nehru y Buda— que han influido en el destino de ese país.

OSHO

Aprender a silenciar la mente

Un camino al bienestar a través de la meditación

DEBOLS!LLO

El papel utilizado para la impresión de este libro ha sido fabricado a partir de madera procedente de bosques y plantaciones gestionadas con los más altos estándares ambientales, garantizando una explotación de los recursos sostenible con el medio ambiente y beneficiosa para las person

Aprender a silenciar la mente
Un camino al bienestar a través de la meditación

Título original: *Learning To Silence the Mind*

Primera edición en Debolsillo: agosto, 2022

El material de este libro ha sido seleccionado entre varias charlas dadas por Osho ante una audiencia.
Todos los discursos de Osho han sido publicados íntegramente en inglés como libros
y están también disponibles en audio.
Las grabaciones originales de audio y el archivo completo de textos
se pueden encontrar *on-line* en la Biblioteca Osho en www.osho.com

penguinlibros.com

Diseño de portada: Penguin Random House / Paola García Moreno

ISBN: 978-607-381-800-1

Impreso en México – *Printed in Mexico*

ÍNDICE

UNA NOTA SOBRE EL LENGUAJE

Palabras habladas: Los libros de Osho no están «escritos», sino que son transcripciones de grabaciones de sus charlas. Estas charlas son improvisadas, sin otras notas que no sean copias de las preguntas, las historias o escrituras sobre las que se le ha pedido que comente, o chistes que pueda utilizar para hacer hincapié en un tema en concreto. Él ha pedido a sus editores que sus libros impresos conserven el carácter de la palabra hablada.

Los pronombres: Al oírle hablar, está bastante claro para el oyente que generalmente cuando Osho habla del «hombre» se refiere a los «seres humanos». El uso por defecto del pronombre «él» simplemente sirve para facilitar el desarrollo del discurso - de ninguna manera implica que «ella» (o «ellos») estén siendo descartados o no tomados en consideración.

Es bueno tener en cuenta el singular punto de vista de Osho al dirigirse a sus oyentes en sus obras:

Un meditador no es ni hombre ni mujer,
porque la meditación no tiene nada que ver con el cuerpo.
Tampoco tiene nada que ver con la mente.
En la meditación eres simple y pura conciencia.
Y la conciencia no es masculina ni femenina.

INTRODUCCIÓN

Así como la ciencia y la tecnología que han trasformado nuestras vidas exteriores ha sido en gran medida un fenómeno occidental, Oriente ha proporcionado la fuente principal de la ciencia que puede transformar nuestras vidas interiores.

Hoy, la meditación, como la luz eléctrica, es un fenómeno universal; la primera ayuda a iluminar el mundo exterior; la segunda, el mundo interior. Pero en el proceso de convertirse en universal, han surgido muchas ideas erróneas acerca de la meditación: que es «religiosa», que se trata de sentarse en posturas difíciles, quizá con los tobillos alrededor del cuello, poniendo cara de santo para ocultar la incomodidad, puede que incluso susurrando, o rezando algún *sutra* con trasfondo esotérico.

Si eso no te atrae, este libro es para ti.

Aquí la meditación se hace simple, ordinaria, y se convierte en un componente natural de un estilo de vida contemporáneo. Un componente cada vez más esencial.

La meditación en su esencia es el arte de estar consciente, consciente de lo que está pasando dentro de ti y a tu alrededor.

A la mayoría de nosotros se nos han enseñado que para triunfar en la vida tenemos que pelear, luchar, enfocarnos, concentrarnos. El problema de este planteamiento radica en que cuanto más luchamos, más tensos nos ponemos. Y cuanto más tensos estamos, peor nos va. El planteamiento meditativo es comprender que para estar en nuestro punto óptimo, para dar en todo momento lo mejor de nosotros —y recibir lo mejor de cada momento—, necesitamos estar lo más conscientes posible. Y para estar conscientes, tenemos que estar relajados.

Habitualmente, creemos que para relajarnos, tenemos que salir. La meditación ofrece otra posibilidad: entrar en la relajación.

El truco para permanecer relajado en medio de un ajetreado día es lo que se ha dado en llamar «alerta sin esfuerzo»; la experiencia esencial de la meditación.

Una vez que nos relajemos en esta aceptación, una vez que dejemos de fingir que somos diferentes a como realmente somos, una vez que dejemos de luchar para impresionar a los demás —que a su vez están luchando para impresionarnos a nosotros—, una vez que dejemos de intentar defendernos, justificarnos... Una vez que dejemos de intentar ocultar nuestras heridas, incluso ante nosotros mismos, que por el contrario las saquemos a la luz y al aire libre, la sanación ocurrirá por sí sola.

En este libro, se habla de calmar la mente, de aprender cómo esta inapreciable biocomputadora puede ser tu mejor amiga. Y de cómo encontrar el interruptor que desconecta. Cuando necesites la mente, puedes usarla. Cuando no la necesites, puedes dejarla descansar tranquila —lista para cuando la vuelvas a necesitar—, libre de su cualidad de incesante charlatana.

Pero no hay que pensar que es fácil, que basta con una clave que yo te voy a dar. No, no hay ninguna clave. Se trata de un largo esfuerzo, de una profunda paciencia. Y cuanta más prisa tengas, más tiempo necesitarás. Así que recuerda esto: si no tienes prisa, puede suceder en este mismo momento.

Y la máxima paradoja de la meditación es que cuando finalmente aprendemos a amarnos a nosotros mismos, de hecho, *solo* cuando podemos amarnos a nosotros mismos, podemos compartir ese amor con los demás. Pero primero, tenemos que empezar por nosotros mismos.

uno

¿QUÉ ES MEDITACIÓN?

DECIR ALGO ACERCA DE LA MEDITACIÓN ES UNA contradicción de términos. Es algo que puedes tener, que puedes ser, pero por su propia naturaleza, no puedes decir lo que es. Aun así, se han hecho esfuerzos para explicarlo de alguna manera. Con que surja de ellos una comprensión fragmentada, parcial, es más de lo que uno puede esperar. Porque incluso esa comprensión parcial de la meditación puede convertirse en una semilla. Depende mucho de cómo escuches. Si solamente oyes, entonces no se te podrá explicar ni siquiera un fragmento, pero si escuchas… Intenta comprender la diferencia entre ambas cosas.

Oír es mecánico. Tú tienes oídos, puedes oír. Si te estás quedando sordo, puedes ponerte un aparato ortopédico que pueda ayudarte a oír. Tus oídos no son más que ciertos mecanismos para recibir sonidos. Oír es muy sencillo: los animales oyen, cualquiera que tenga oídos es capaz de oír; pero escuchar es un nivel mucho más elevado.

Escuchar significa: cuando estás escuchando, *solo* estás oyendo y no estás haciendo nada más —sin otros pensamientos en la mente, sin nubes que pasen por tu cielo interior— así que lo que sea que se esté diciendo te llega como se está diciendo. No hay interferencias desde la mente; no es interpretado por ti, por tus prejuicios; no está empañado por nada que, en ese momento, esté pasando dentro de ti; porque todo eso son distorsiones.

Normalmente no es difícil; te las arreglas solamente oyendo, porque las cosas que estás oyendo conciernen a objetos comunes. Si yo hablo de la casa, la puerta, el árbol, el pájaro, no hay problema. Se trata de objetos comunes; no hace falta escuchar. Pero sí hace falta escuchar cuando hablamos acerca de algo como la meditación, que no es en absoluto un objeto; es un estado subjetivo. Nosotros solo podemos indicarlo. Tienes que estar muy atento y alerta; si lo logras, hay alguna posibilidad de que algún significado llegue hasta ti.

Incluso aunque solo llegue a ti una pequeña comprensión, esto es más que suficiente, porque la comprensión tiene su propia forma de crecimiento. Solo hace falta que una pizca de comprensión caiga en el lugar adecuado, en el corazón, y empezará a crecer por sí sola.

Primero intenta comprender la palabra «meditación». No es la palabra adecuada para indicar el estado por el que cualquier buscador auténtico tenga necesariamente que sentir interés. Por eso, me gustaría decirte algo acerca de algunas palabras. En sánscrito, tenemos una palabra especial para meditación, la palabra *dhyana*. No existe una palabra parecida en ninguna otra lengua, es una palabra intraducible. Durante dos mil años se ha reconocido que esta palabra es intraducible por la sencilla razón de que nadie en ninguna otra lengua ha probado o experimentado el estado que denota; así que esas lenguas no tienen la palabra.

Una palabra solo se necesita cuando hay algo que decir, algo que designar. En español, hay tres palabras: la primera, concentración. Yo he visto muchos libros escritos por personas bien intencionadas, pero no por personas que hayan experimentado la meditación. Siguen utilizando la palabra «concentración» para *dhyana*; *dhyana* no es concentración. Concentración simplemente significa que tu mente se enfoca en un punto, es un estado de la mente. Normalmente, la mente se está moviendo de manera constante, pero si está moviéndose así, no puedes trabajar con ella en un asunto en concreto.

Por ejemplo, en la ciencia se necesita concentración; sin concentración no hay posibilidad de ciencia. No es sorprendente que la ciencia no haya evolucionado en Oriente —yo veo esas profundas conexiones internas—, porque allí nunca se valoró la concentración. Lo que hace falta para la religión no es concentración, es otra cosa.

La concentración es la mente enfocada en un punto. Tiene su utilidad, porque entonces puedes profundizar cada vez más en un determinado tema. Eso es lo que la ciencia está haciendo: descubrir cada vez más acerca del mundo objetivo. Un hombre con una mente que siempre está dando vueltas por ahí no puede ser un científico.

La virtud del científico es su capacidad de olvidarse de todo el mundo y poner toda su consciencia solamente en una cosa. Y cuando toda la consciencia se vuelca en una cosa, es casi como concentrar rayos a través de una lupa: hasta puedes encender fuego. Esos rayos por sí solos no son capaces de hacer fuego porque están dispersos; se están separando entre sí. Concentración significa que los rayos se unen, encontrándose en un punto; y cuando muchos rayos se encuentran en un punto, tienen energía suficiente como para encender fuego.

La consciencia tiene esa misma cualidad: concéntrala y podrás penetrar más profundamente en los misterios de los objetos.

Recuerdo una historia acerca de Thomas Alva Edison, uno de los más importantes científicos de América del norte. Él trabajaba en algo con tal concentración que, cuando su mujer llegó con el desayuno, advirtió que estaba tan enfrascado que ni siquiera la había oído llegar. No la miró, ni siquiera se dio cuenta de que estaba allí. Ella sabía que ese no era el mejor momento para molestarlo. «Sin duda el desayuno se enfriará, pero si lo molesto, se enfadará mucho; una nunca sabe a qué atenerse». Así que simplemente dejó el desayuno a su lado para que cuando él regresara de su concentración, lo viera y se lo tomara.

¿Pero qué ocurrió? Entretanto, un amigo pasó por allí; también él encontró a Edison muy ocupado, vio el desayuno que se estaba enfriando y dijo: «Será mejor no molestarlo mientras trabaja. Me tomaré el desayuno, se está enfriando». Se tomó el desayuno y Edison ni siquiera advirtió que su amigo estaba allí.

Cuando regresó de su concentración, Edison miró alrededor, vio al amigo y los platos vacíos, y le dijo: «Por favor, perdóname. Has llegado un poco tarde y ya he desayunado». Obvio, porque los platos estaban vacíos, alguien se lo había comido, ¿y quién más podría haber sido? ¡Tenía que haber sido él! El pobre amigo no sabía qué hacer. Estaba pensando que le daría una sorpresa a Edison, pero él se llevó una sorpresa mucho mayor cuando Edison le dijo: «Has llegado un poco tarde...».

Pero la mujer había estado observándolo todo. Entró y dijo: «¡Él no ha llegado tarde, el que ha llegado tarde has sido tú! Él se ha comido tu desayuno. Yo estaba observando, pero como veía que de todas formas se estaba enfriando, por lo menos alguien lo estaba aprovechando. ¡Menudo científico! No comprendo cómo te las arreglas con la ciencia —continuó la mujer—. Ni siquiera sabes quién se ha tomado tu desayuno, y encima le estás pidiendo perdón, "Has llegado un poco tarde, lo siento..."».

La concentración siempre es un estrechamiento de la consciencia. Cuanto más estrecha llegue a ser, más poderosa será. Es como una espada capaz de cortar cualquier secreto de la naturaleza: tienes que ser inconsciente de todo lo demás. Pero eso no es religión. Mucha gente lo ha malentendido; no solo en Occidente, sino también en Oriente. Se cree que la concentración es religión. Te da enormes poderes, pero esos poderes pertenecen a la mente.

Por ejemplo, en 1920, el rey de Benarés, en India, fue operado; y por esa operación fue noticia en todo el mundo. Se negó a que se le administrara cualquier tipo de anestesia. Dijo: «He hecho el voto de no tomar nada que me haga inconsciente, así que no se me puede aplicar cloroformo; pero no tienen que preocuparse...».

Era una operación de gran calibre, iban a extirparle el apéndice. Ahora bien, extirparle un apéndice a alguien sin darle anestesia es realmente peligroso; puedes matarlo. Es posible que no pueda soportar el dolor, porque el dolor tiene que ser terrible. Hay que abrir el abdomen; hay que cortar el apéndice, hay que extirparlo. Llevará una hora, quizá dos; y nunca se sabe en qué condiciones se encuentra el apéndice.

Pero él no era un hombre corriente —si lo hubiera sido, podrían haberlo obligado— era el rey de Benarés. Les dijo a los médicos: «Pero no se preocupen...»; y allí estaban los mejores médicos que se podían conseguir en India; incluso vino un experto de Inglaterra. Se reunieron en consulta: ninguno estaba dispuesto a llevar a cabo esa operación, pero había que hacerla; de no ser así, el apéndice podía matar al hombre en cualquier momento. La situación era seria y ambas alternativas parecían ser graves: si no se le operaba, podía morir; si se le operaba sin que estuviera inconsciente, era algo que nunca se había hecho, no había ningún precedente...

Pero el rey dijo: «No me comprenden. No ha habido un precedente porque nunca antes han operado a un hombre como al que van a operar. Simplemente, denme mi libro de religión, el *Shrimad Bhagavad Gita*. Lo leeré, y a los cinco minutos pueden empezar su trabajo. Una vez que yo esté inmerso en el *Gita*, podrán cortar cualquier parte de mi cuerpo; yo ni siquiera me daré cuenta; así que no hay ni que hablar del dolor».

Dado que insistía... y como de todos modos sin la operación iba a morir, no se perdía nada intentándolo. Puede que tuviera razón; él era muy famoso por sus prácticas religiosas. Así que se procedió. Leyó el *Gita* durante cinco minutos y luego cerró los ojos; el *Gita* cayó de sus manos, y llevaron a cabo la operación. Les llevó una hora y media. Era un caso bastante grave: unas cuantas horas más y el apéndice podría haber estallado y haberlo matado. Le quitaron el apéndice, y el hombre estuvo plenamente consciente, en silencio; sin siquiera pestañear. Se hallaba en otro lugar.

Esa fue la práctica de toda su vida: simplemente leía durante cinco minutos, y ya estaba en la senda. Conocía el *Gita* de memoria, podía recitarlo sin el libro. Una vez que empezaba a meterse en el *Gita, realmente* se metía en él, su mente estaba allí; dejaba su cuerpo por completo.

La operación fue noticia en todo el mundo; fue una operación poco común. Pero se cometió el mismo error: en todos los periódicos se decía que el rey de Benarés era un gran hombre de meditación. Era un hombre de gran *concentración,* no de gran meditación.

Él mismo se hallaba en la misma confusión, también él pensaba que había alcanzado el estado de meditación. No se trataba de eso. Es simplemente que tu mente está tan enfocada en una cosa que todo lo demás se sale de foco y no eres consciente de ello. No es un estado de presencia consciente, es un estado de consciencia que se estrecha; se estrecha tanto que se concentra en un punto y todo lo demás queda fuera de ella.

Así que antes de que te explique qué es la meditación, tienes que entender lo que no es. Primero: no es concentración.

Segundo: no es contemplación.

La concentración es sobre un punto: la contemplación tiene un campo más amplio. Estás haciendo contemplación de la belleza… Hay miles de cosas bellas; puedes ir pasando de una cosa hermosa a otra. Tienes muchas experiencias de belleza; puedes ir de una experiencia a otra. Te has limitado al asunto en cuestión. La contemplación es una concentración más amplia, no se estrecha en un punto, pero está confinada a un tema. Puedes moverte, pero dentro de ese tema.

La ciencia utiliza como método la concentración; la filosofía utiliza como método la contemplación. En la contemplación, también estás olvidando todo, excepto el tema tratado. El tema es mayor y tienes más espacio para moverte; en la concentración no hay espacio donde moverse. Puedes profundizar cada vez más, estrechar más y más, puedes afinar más y más, pero no tienes espacio para moverte. Por eso, los científicos son personas con la mente muy estrecha. Te sorprenderá que diga esto.

Se suele pensar que los científicos son personas con mentes muy abiertas. No es el caso. En lo concerniente a su objetivo, tienen la mente absolutamente abierta: están dispuestos a escuchar cualquier teoría contraria a las suyas, y además con absoluta imparcialidad. Pero excepto en ese tema en particular, tienen más prejuicios, son más intolerantes que el hombre corriente, común, por la sencilla razón de que nunca se han preocupado por ninguna otra cosa: simplemente, han aceptado todas las creencias de la sociedad.

Mucha gente religiosa presume de ello: «Fíjate, se trata de un gran científico, ha recibido un premio Nobel —y esto y aquello— y viene a la iglesia todos los días». Se olvidan por completo de que el que viene a la iglesia no es el científico ganador del premio Nobel. Y de que ese hombre, excepto por su lado científico, es mucho más crédulo que nadie; porque todo el mundo está abierto, disponible, piensa acerca de las cosas, compara qué religión es buena; algunas veces también lee acerca de otras religiones, y tiene sentido común, algo de lo que los científicos carecen.

Para ser científico tienes que sacrificar unas cuantas cosas; por ejemplo, el sentido común. El sentido común es una cualidad común de la gente corriente.

Un científico no es una persona común; tiene un «sentido no común». Con el sentido común, no puedes descubrir la Teoría de la relatividad o la Ley de la gravedad. Con el sentido común, puedes hacer todo lo demás.

Por ejemplo, Albert Einstein manejaba cifras tan astronómicas que una sola cifra podía ocupar toda una página, con cientos de ceros. Pero se sumergía tanto en esas cifras —lo cual no es común— que se olvidaba de las cosas pequeñas.

Un día subió a un autobús y le dio el dinero al conductor. El conductor le devolvió el cambio; Einstein lo contó y dijo: «No es correcto, me está timando. Devuélvame el cambio que corresponde».

El conductor volvió a contar el cambio y le dijo: «Señor, parece que no sabe contar».

Einstein recuerda: «Cuando me dijo: "Señor, no sabe contar", simplemente cogí el cambio. Me dije a mí mismo: "Será mejor estarse callado. Si alguien oyera que no sé contar, y además viniendo de un conductor de autobús". ¿Qué he estado haciendo durante toda mi vida? Números y números, no sueño con otra cosa: no aparecen mujeres, no aparecen hombres, solo números. Pienso en números, sueño con números, y este idiota me dice que no sé contar».

Cuando regresó a su casa, le dijo a su mujer: «Cuenta este cambio. ¿Es correcto?». Ella lo contó y dijo: «El cambio es correcto».

Entonces, él exclamó: «¡Dios mío! Eso quiere decir que el conductor tenía razón. Quizá no sepa contar. Quizá solo pueda operar con cifras inmensas; las cifras pequeñas han desaparecido de mi mente por completo».

Un científico perderá inevitablemente su sentido común. Lo mismo le sucede al filósofo. La contemplación es más amplia, pero aún está sujeta a un determinado tema. Por ejemplo, una noche Sócrates estaba pensando en algo —uno nunca podrá saber en qué— al lado de un árbol, y se sumergió tanto en su contemplación que no se dio cuenta en absoluto de que estaba nevando; y lo encontraron por la mañana casi congelado. La nieve le llegaba a las rodillas, y estaba ahí de pie con los ojos cerrados. Estaba casi al borde de la muerte; incluso su sangre debía estar empezando a congelarse.

Lo trajeron a casa; le dieron un masaje, le dieron alcohol, y de algún modo recuperó los sentidos. Le preguntaron: «¿Qué estabas haciendo ahí, de pie al aire libre?».

«No tenía idea de si estaba de pie o sentado, o de dónde estaba —contestó—. El tema era tan absorbente que me fui con él por completo. No sé cuándo empezó a nevar o cómo se pasó toda la noche. Me habría muerto, pero no habría recuperado mis sentidos, porque el tema era demasiado absorbente. Todavía no había acabado; era toda una teoría, y me han despertado a la mitad de su desarrollo. Ahora no sé si seré capaz de recuperarla». Es como cuando estás durmiendo y alguien te despierta. ¿Crees que puedes recuperar de nuevo el mismo sueño simplemente cerrando los ojos e intentando dormir? Es muy difícil volver a entrar en el mismo sueño.

La contemplación es una especie de sueño lógico. Es una cosa muy rara. Pero la filosofía depende de la contemplación. La filosofía puede utilizar la concentración para fines específicos, como ayuda a la contemplación. Si algunos pequeños fragmentos del tema necesitan más esfuerzo concentrado, entonces se puede utilizar la concentración, no hay problema. La filosofía es básicamente contemplación, pero de vez en cuando puede utilizar la concentración como herramienta, como instrumento.

Pero la religiosidad no puede utilizar la concentración; la religiosidad tampoco puede utilizar la contemplación porque no tiene que ver con ningún objeto. No importa que el objeto esté en el mundo exterior o esté en tu mente —un pensamiento, una teoría, una filosofía— es un objeto.

El objeto del interés religioso es el que se concentra, el que contempla.

¿Quién es ese objeto?

Ahora bien no puedes concentrarte en él.

¿Quién se concentrará en él? Tú *eres* él.

No puedes contemplarlo porque ¿quién va a contemplar? No puedes dividirte a ti mismo en dos partes y poner una parte enfrente de tu mente, y que la otra parte empiece a contemplarla. No hay posibilidad de dividir tu consciencia en dos partes. Y aunque existiera alguna posibilidad —que no hay ninguna, pero aunque solo para seguir el razonamiento yo admitiera que hay alguna posibilidad de dividir la consciencia en dos—, entonces el que contempla al otro eres tú, pero el otro no eres tú.

Tú nunca eres el otro.

En otras palabras: tú nunca eres el objeto.

Tú eres irremediablemente el sujeto.

Entonces, no hay manera de convertirte en un objeto.

Es como un espejo. El espejo puede reflejarte, el espejo puede reflejar todas las cosas del mundo, ¿pero puedes hacer que el espejo se refleje a sí mismo? No puedes poner ese espejo enfrente de sí mismo; cuando lo hayas puesto enfrente de sí mismo, ya no estará allí. El espejo no puede reflejarse a sí mismo. La consciencia es exactamente un espejo. Puedes utilizarla como concentración para algún objeto. Puedes utilizarla como contemplación para algún tema.

La palabra española «meditación» tampoco es la palabra adecuada, pero mientras no haya otra palabra, tendremos que utilizarla, hasta que la palabra *dhyana* sea aceptada en la lengua española al igual que ha sido aceptada en la china, en la japonesa, debido a que la situación en esos países era la misma. Cuando, hace dos mil años, los monjes budistas entraron en China, intentaron con ahínco encontrar una palabra con la que pudieran traducir la palabra *dhyana*.

Gautama el Buda nunca utilizó el sánscrito como su lengua; él utilizaba el lenguaje de la gente común; su idioma era el pali. El sánscrito era la lengua del clero, de los bramines, y una de las partes básicas de su revolución consistía en que el clero debería ser derrocado; no tenía ninguna razón de ser. El hombre puede *conectarse* directamente con la existencia, no tiene que hacerlo a través de un agente. De hecho, *no puede* hacerlo a través de un mediador.

Puedes comprenderlo fácilmente: no puedes amar a tu novia, a tu novio, a través de un intermediario. No le puedes decir a alguien: «Toma diez dólares; lo único que tienes que hacer es ir y amar a mi mujer por mí». Un sirviente no puede hacerlo, nadie puede hacerlo por ti; solo puedes hacerlo tú. El amor no se puede hacer a través de un sirviente; de otra forma, los ricos no se molestarían con un asunto tan engorroso. Tienen suficientes sirvientes, suficiente dinero, podrían simplemente mandar a un criado. Podrían encontrar los mejores sirvientes, ¿por qué tendrían que molestarse ellos mismos? Pero hay algunas cosas que tienes que hacerlas tú mismo. Un criado no puede dormir por ti, un criado no puede comer por ti.

¿Cómo va un sacerdote, que no es otra cosa que un criado, a mediar entre tú y la existencia, o Dios, o la naturaleza, o la verdad? El papa incluso ha dicho que intentar tener un contacto directo con Dios se considera un pecado, ¡un pecado! Tienes que contactar con Dios a través de un sacerdote católico iniciado apropiadamente; todo debe ir por los canales apropiados. Hay una determinada jerarquía, cierta burocracia; no puedes saltarte al obispo, al papa, al sacerdote. Si te los saltas, entonces estarás entrando directamente en la casa de Dios. Eso no está permitido, es un pecado.

Realmente me sorprendió que este papa polaco tuviera la cara de decir que esto es un pecado, que el hombre no tiene el derecho de nacimiento a conectar con la propia existencia o verdad; ¡también para eso necesita la agencia apropiada! ¿Y quién tiene que decidir cuál es la agencia apropiada? Hay trescientas religiones y todas tienen su burocracia, sus canales apropiados; ¡y todas dicen que las otras doscientas noventa y nueve son falsas!

Pero el clero solo puede existir si se hace a sí mismo absolutamente necesario. Es absolutamente innecesario, pero tiene que imponerse sobre ti como algo inevitable.

Cuando recibí el mensaje de que cualquier esfuerzo por hacer un contacto directo con Dios es pecado, me pregunté qué habría estado haciendo Moisés. Fue un contacto directo. No hubo mediador, no había nadie presente. No hubo ningún testigo ocular de que Moisés se encontrara con Dios en el arbusto en llamas. Según el papa polaco, estaba cometiendo un gran pecado.

¿Quién era el agente de Jesús? Le habría hecho falta una agencia. También él estaba intentando contactar con Dios directamente, rezando. Y no le pagaba a otro para que rezara por él, rezaba él mismo.

No era obispo, ni cardenal, ni papa; tampoco Moisés era obispo, ni cardenal, ni papa. Según el papa polaco, ellos eran pecadores.

La verdad es que investigar en la existencia, en la vida, en todo esto, es un derecho de nacimiento.

La contemplación es teórica, puedes dedicarte a teorizar… pero también se lleva tu sentido común. Por ejemplo, Immanuel Kant fue uno de los mayores filósofos que ha producido el mundo. Permaneció toda su vida en la misma ciudad, por la sencilla razón de que cualquier cambio perturbaba su contemplación; casa nueva, gente nueva… todo tenía que estar exactamente igual para que él pudiera contemplar en total libertad.

Nunca se casó. Una mujer incluso se lo ofreció, pero él contestó: «Tendré que pensarlo». Quizá esa sea la única respuesta de ese tipo; normalmente el que propone es el hombre. Ella debe haber esperado suficiente tiempo, y cuando se dio cuenta de que ese hombre no se lo iba a proponer, ella se lo propuso a él. ¿Y qué contestó él?: «Tendré que pensarlo». Durante tres años, analizó todos los puntos a favor y en contra del matrimonio; y el problema radicaba en que eran iguales, equilibrados, se anulaban entre sí.

Así que después de tres años, fue a llamar a la puerta de la casa de la mujer para decirle: «Es difícil para mí llegar a una conclusión, porque ambas partes son igualmente válidas, con el mismo peso, y yo no puedo hacer nada a no ser que una alternativa me parezca más lógica, más científica, más filosófica que la otra. Así que por favor, perdóname; y puedes casarte con otra persona».

El padre abrió la puerta; Kant le preguntó por la hija. El padre le contestó: «Has llegado demasiado tarde; se ha casado, incluso ya tiene un hijo. Menudo filósofo; ¡vienes a darle la respuesta tres años después!».

Kant dijo: «De todas formas, la respuesta no era un sí; pero puede transmitirle a su hija mi incapacidad para decidir. Me ha resultado duro decidirme, pero tengo que ser justo: no puedo engañarme a mí mismo poniendo solamente las razones favorables y desechando las desfavorables. No puedo engañarme a mí mismo».

Pues bien, este hombre solía ir a enseñar a la universidad todos los días exactamente a la misma hora. La gente solía poner sus relojes en hora al verlo pasar: podías estar seguro al segundo; se movía como las manillas de un reloj. Su criado no solía decirle: «Señor, su desayuno está servido», sino: «Señor, son las siete y media». No hacía falta decir que era la hora de la comida, simplemente: «Señor, son las doce y media»; solo había que decir la hora.

Todo era fijo. Estaba tan absorto en su filosofía que se hizo dependiente; casi un sirviente de su propio sirviente, porque el sirviente podía amenazarlo en cualquier momento, diciendo: «Me marcho». Y el sirviente sabía que Kant no podía permitirse dejarle ir. Durante unos días, ocurrió que al amenazarlo, Kant dijo: «Sí, te puedes marchar. Te crees que eres demasiado importante. ¿Crees que no puedo vivir sin ti, que no puedo encontrar otro sirviente?».

El sirviente le contestó: «Inténtelo».

Pero con el otro sirviente la cosa no funcionó, porque no tenía idea de que había que anunciar la hora. Él decía: «Señor, la comida está lista»; y eso era suficiente para molestar a Kant. Lo tenían que despertar por la mañana temprano, a las cinco en punto, y las instrucciones para el sirviente eran: «Aunque te pegue, te chille, y te diga: "¡Piérdete, quiero dormir!", no tienes que marcharte. Si tienes que pegarme, pégame, pero sácame de la cama.

»Las cinco significa las cinco; si me retraso al levantarme, tú serás responsable. Tienes absoluta libertad para hacer lo que quieras. Y yo no puedo decir nada, porque algunas veces hace mucho frío y tengo mucho sueño… pero solo es algo momentáneo; tú no tienes que preocuparte por ello. Tienes que seguir el reloj y mis órdenes, y en ese momento en que estoy dormido, no tienes que hacer caso de nada de lo que diga. Puede que diga: "¡Vete! Ya me levanto". No tienes que irte, tienes que sacarme de la cama a las cinco en punto».

A menudo solían pelear, y el sirviente solía pegarle y obligarlo a salir de la cama. Pues bien, un nuevo criado no podía hacer eso, pegar al señor; e incluso la propia orden parecía absurda. «Si quiere dormir, duerma; si quiere levantarse, levántese. Yo lo puedo despertar a las cinco en punto, pero me parece extraño que tenga que haber esta lucha». Así que ningún sirviente sobrevivió. Kant tuvo que ir de nuevo al mismo sirviente y pedirle: «¡Regresa! Y por favor, no te mueras antes que yo, si no me suicidaré». Cada vez que esto ocurría, el sirviente pedía un aumento de sueldo. Y así es como continuó la situación.

Un día, cuando Kant iba a la universidad, estaba lloviendo y uno de sus zapatos se quedó atascado en el barro. Dejó el zapato allí porque si intentaba recuperar el zapato llegaría unos segundos tarde, y eso no era posible. Entró en la clase con un solo zapato. Los estudiantes lo miraron; ¿qué ha sucedido?, le preguntaron. «¿Qué ha sucedido? —contestó él—, simplemente que un zapato se me ha quedado atascado en el barro, pero yo no puedo llegar tarde: mucha gente pone en hora sus relojes conmigo. Mi zapato no es tan importante. Lo recuperaré cuando vuelva a casa porque, ¿quién va a robar un solo zapato?».

Pues bien, esta gente ha perdido su sentido común; están viviendo en un mundo diferente. Y en lo concerniente a su trabajo teórico, es un gran lógico; no puedes encontrar ni una grieta en su lógica. Pero en su vida… eso es simplemente demencia. Alguien compró la casa al lado de la suya, y Kant se puso enfermo, muy enfermo. Los médicos no podían descubrir cuál era el problema porque aparentemente no había enfermedad alguna, pero Kant estaba casi al borde de la muerte; sin ninguna razón en absoluto.

Uno de sus amigos vino a verlo y le dijo: «No hay problema. Por lo que puedo ver alguien se ha mudado a la casa de al lado, y ha dejado crecer los arbustos, así que la ventana de Kant está cubierta. Y parte de su estricto horario era mirar la puesta del sol a través de la ventana al atardecer. Ahora los arbustos han crecido demasiado, han cubierto la ventana. Esa es la causa de su enfermedad y nada más: su horario ha sido alterado, su vida ha sido perturbada por completo».

Kant se levantó y dijo: «También yo pensaba que algo estaba mal; ¿por qué estoy enfermo? Porque los médicos dicen que no hay enfermedad y sin embargo yo estoy al borde de la muerte. Tienes razón, son esos arbustos: desde que han crecido esos arbustos, no he visto la puesta del sol. Y he estado echando algo de menos, pero no sabía qué era». Hablaron con los vecinos, y no pusieron resistencia. Si un filósofo tan ilustre se va a morir simplemente por unos arbustos... Cortaron los arbustos y al día siguiente, Kant estaba completamente recuperado. Su horario había sido perturbado. Si era perfecto, entonces él estaba completamente libre para contemplar. Él quería que la vida fuera casi como un robot para que su mente estuviera completamente libre de los asuntos ordinarios, mundanos.

Pero la religiosidad no es contemplación.

No es concentración.

Es meditación.

Pero la meditación tiene que ser entendida con el significado de la palabra *dhyana*, porque la palabra española meditación también da una noción errónea. Primero, intenta entender lo que quiere decir en el propio idioma español, porque cuando dices «meditación», te pueden preguntar: «¿Sobre qué?, ¿sobre qué estás meditando?». Tiene que haber un objeto. La propia palabra hace referencia a un objeto, estoy meditando acerca de la belleza, acerca de la verdad, acerca de Dios. Pero no puedes decir simplemente: «Estoy meditando»: la frase está incompleta en español. Tienes que decir sobre qué. ¿Sobre qué estás meditando? Y ese es el problema.

Dhyana significa «yo estoy en meditación»; ni siquiera meditando. Si te acercas aún más, entonces «yo soy meditación»; ese es el significado de *dhyana*.

Así que cuando en China no pudieron encontrar ninguna palabra, tomaron prestada la palabra, la palabra budista *jhana*. Buda utilizaba *jhana*; es una transformación en pali de *dhyana*.

Buda utilizaba el lenguaje de la gente como parte de su revolución, porque decía: «La religión tiene que utilizar el lenguaje común, ordinario, para que, simplemente, el clero pueda ser abandonado; no hay la menor necesidad de él. La gente comprende las escrituras, la gente comprende los *sutras*, la gente comprende lo que está haciendo. No hace ninguna falta un sacerdote».

El sacerdote es necesario porque utiliza un lenguaje que la gente no puede utilizar; él va reforzando la idea de que el sánscrito es la lengua divina y no a todo el mundo se le permite leerlo. Es un lenguaje especial, igual que el de los médicos. ¿Has pensado alguna vez en ello? ¿Por qué los médicos prescriben con palabras latinas y griegas? ¿Qué clase de tontería es esa? Ellos no saben griego, no saben latín, pero sus medicinas y el nombre de sus medicinas siempre son en griego y en latín. Es el mismo truco que el del clero.

Si escribieran en el lenguaje común de la gente no podrían cobrar tanto como cobran, porque dirías: «Esta prescripción, ¿me estás cobrando veinte dólares por esta prescripción?». Y tampoco los químicos, los farmacéuticos, podrían cobrar mucho dinero, porque saben que la misma cosa se puede conseguir en el mercado por un dólar, y ellos están cobrando cincuenta dólares. Pero en latín o en griego no sabes lo que es. Si escriben «cebolla», entonces dirás: «¿Estás bromeando?». Pero si lo escriben en latín o en griego, no sabes de qué se trata; solo ellos o los químicos lo saben.

Y su forma de escribir también es importante. Tiene que estar escrito de tal manera que tú no puedas leerlo. Si lo puedes leer, quizá consultes un diccionario y descubras lo que significa. Tiene que estar lo bastante ilegible como para que no puedas descifrar de qué se trata.

Buda se revolvió contra el sánscrito y utilizó el pali. En pali, *dhyana* es *jhana*. *Jhana* llegó a China y se convirtió en *ch'an*. Ellos no tenían una palabra propia, así que adoptaron la palabra *jhana*; pero en cada lengua, la pronunciación cambia irremediablemente; se convirtió en *ch'an*. Cuando llegó a Japón, se convirtió en *zen*; pero es la misma palabra, *dhyana*. Y estamos utilizando la palabra meditación en el sentido de *dhyana*, así que no es algo sobre lo que meditas.

En español, es algo situado entre la concentración y la contemplación. La concentración se reduce a un punto; la contemplación tiene un área amplia, y la meditación es un fragmento de esa área. Cuando estás contemplando un determinado asunto, hay unas cuantas cosas que necesitan más atención; entonces meditas. Eso es lo que significa meditación en español: concentración y contemplación son los dos polos; la meditación está justo en el medio. Pero no estamos utilizando la palabra en ese sentido, le estamos dando un significado completamente nuevo. Te contaré una historia que a mí siempre me ha encantado, que explicará qué es meditación.

Tres hombres salieron a dar un paseo matutino. Vieron a un monje budista en la colina, y como no tenían nada que hacer, empezaron a discutir acerca de lo que el hombre estaba haciendo. Uno dijo: «Por lo que puedo ver desde aquí, está esperando a alguien. Quizá un amigo se ha quedado atrás y está esperándolo».

El segundo dijo: «Mirándolo, no puedo estar de acuerdo contigo, porque cuando alguien está esperando a un amigo que se ha quedado atrás, de vez en cuando mira hacia atrás para ver si llega o no, y cuánto tendrá que esperar. Pero este hombre nunca mira hacia atrás; simplemente, está ahí de pie. No creo que esté esperando a nadie. Yo creo que estos monjes budistas tienen vacas». En India, los monjes budistas tienen una vaca para la leche del té de la mañana; de otra forma, tienes que mendigar una taza de té por la mañana temprano.

El segundo hombre dijo: «Creo que su vaca se ha perdido en alguna parte; tiene que haberse ido a pastar y, simplemente, está buscando la vaca».

El tercero dijo: «No estoy de acuerdo, porque cuando alguien está buscando una vaca, no tiene que quedarse de pie como una estatua. Tienes que moverte por ahí, tienes que ir de un lado a otro. Él ni siquiera mueve la cara de un lado a otro. Qué decir de su cara; incluso sus ojos están medio cerrados».

Se iban acercando al hombre, así que podían verlo más claramente. Entonces, el tercer hombre dijo: «Yo no creo que hayan acertado; creo que está meditando. ¿Pero cómo vamos a saber quién está en lo cierto?».

Dijeron: «No hay problema. Nos estamos acercando a él, podemos preguntarle».

El primer hombre le preguntó al monje: «¿Estás esperando a un amigo que se ha quedado atrás?».

El monje budista abrió los ojos y dijo: «¿Esperando a alguien? Yo nunca espero nada. Esperar algo va en contra de mi religión».

El hombre dijo: «¡Dios mío! Olvídate de esperar algo; simplemente dime: ¿Estás esperando?».

«Mi religión enseña que no puedes estar seguro ni siquiera del siguiente segundo —contestó—. ¿Cómo podría esperar? ¿Dónde está el tiempo para esperar? No estoy esperando».

El hombre dijo: «Olvídate de esperar a alguien o de simplemente esperar; no entiendo tu lenguaje. Simplemente dime: ¿Has dejado a algún amigo atrás?».

Él contestó: «De nuevo lo mismo. No tengo ningún amigo en el mundo, no tengo ningún enemigo en el mundo; porque ambos vienen juntos. No puedes tomar una cosa y dejar la otra. ¿No te das cuenta de que soy un monje budista? Yo no tengo ningún enemigo, no tengo ningún amigo. Y por favor, piérdete, no me molestes».

El segundo hombre pensó: «Ahora hay una esperanza para mí». Dijo: «Ya se lo había dicho yo: "Estás diciendo tonterías. Él no está esperando; es un monje budista; no tiene amigos ni enemigos". Tienes razón. Yo creo que tu vaca se ha perdido».

El monje dijo: «Tú eres incluso más estúpido que el primer hombre. ¿Mi vaca? Un monje budista no posee nada. ¿Y por qué debería estar buscando la vaca de otro? Yo no tengo ninguna vaca».

El hombre parecía sentirse muy incómodo, ¿qué hacer?

El tercer hombre pensó: «Ahora, la única posibilidad que queda es lo que yo he dicho». Dijo: «Puedo ver que estás meditando».

El monje dijo: «¡Tonterías! La meditación no es una actividad. Uno no medita, uno es meditación. Para deciros la verdad, y no os sintáis confusos, simplemente estoy haciendo nada. Aquí de pie, sin hacer nada; ¿hay alguna objeción?». Ellos contestaron: «No, no hay ninguna objeción; es solo que para nosotros no tiene sentido; aquí de pie, sin hacer nada».

«Pero —dijo él— eso es la meditación: sentarse y no hacer nada; ni con tu cuerpo ni con tu mente».

En cuanto empiezas a hacer algo, o bien entras en contemplación o en concentración, o entras en acción; pero te alejas de tu centro. Cuando no estás haciendo nada en absoluto —corporalmente, mentalmente, o a cualquier otro nivel— cuando toda actividad ha cesado y tú simplemente eres, simplemente ser, eso es meditación. No puedes hacerla, no puedes practicarla; tan solo tienes que comprenderla.

Siempre que puedas encontrar tiempo para simplemente ser, deja todas las acciones. Pensar también es una acción, la concentración también es una acción, la contemplación también es una acción. Incluso si solo durante un momento no estás haciendo nada y estás en tu centro, completamente relajado: eso es meditación. Y una vez que le has cogido el truco, puedes permanecer en ese estado todo el tiempo que quieras; finalmente, puedes permanecer en ese estado las veinticuatro horas del día.

Una vez que te has dado cuenta de la forma en que tu ser puede permanecer sin ser perturbado, entonces, poco a poco, puedes empezar a hacer cosas, teniendo cuidado de que tu ser no se agite. Esa es la segunda parte de la meditación. Primero, aprender simplemente a ser, y luego aprenderlo en las pequeñas acciones: limpiar el suelo, tomar una ducha, pero manteniéndote centrado. Más adelante, puedes hacer cosas complicadas.

Por ejemplo, te estoy hablando a ti, pero mi meditación no es perturbada. Puedo seguir hablando, pero en mi verdadero centro no hay ni una onda; es simplemente silencio, silencio total.

Así que la meditación no está en contra de la acción.

No es que tengas que huir de la vida.

Simplemente, te enseña una nueva forma de vida.

Te conviertes en el centro del ciclón.

Tu vida sigue, en realidad, sigue más intensamente —con más gozo, más claridad, más visión, más creatividad— y a la vez estás distante, como un observador en las alturas, simplemente viendo que todo está sucediendo a tu alrededor.

Tú no eres el hacedor, tú eres el observador.

Ese es todo el secreto de la meditación, que te conviertes en el observador. La acción continúa, no hay problema: cortar leña, sacar agua del pozo. Puedes hacer todo tipo de cosas pequeñas y grandes; solo hay una cosa que no se permite, y esa es que pierdas tu centro.

Esa consciencia, esa observación, debería permanecer absolutamente despejada, sin ser molestada.

La meditación es un fenómeno muy simple.

La concentración es muy complicada porque tienes que esforzarte, es agotadora. La contemplación es un poco mejor porque tienes un poco más de espacio para moverte. No te estás moviendo a través de un estrecho agujero que se va haciendo cada vez más pequeño.

La concentración tiene una visión en forma de túnel. ¿Te has fijado en un túnel? Por un lado, desde donde estás mirando, es grande. Pero el túnel tiene tres kilómetros de longitud, el otro extremo es simplemente un pequeño redondel de luz, nada más: cuanto más largo sea el túnel, más pequeño será el otro extremo. Cuanto más grande es el científico, más largo es el túnel. Él se tiene que enfocar, y enfocarse implica siempre tensión.

La concentración no es natural para la mente. La mente es un vagabundo. Disfruta moviéndose de una cosa a otra. Siempre está excitada por lo nuevo. En la concentración, la mente está casi encarcelada.

En la segunda guerra mundial, no sé por qué, empezaron a llamar a los lugares donde guardaban a los prisioneros «campos de concentración». Tenían su propio significado; traían prisioneros y los concentraban allí. Pero la concentración en realidad es traer todas las energías de tu mente y tu cuerpo y ponerlas en un agujero que se estrecha. Es agotador. La contemplación tiene más espacio para jugar, para moverse, pero todavía es un espacio limitado, no ilimitado.

La meditación, para mí, tiene todo el espacio, toda la existencia a su disposición. Tú eres el observador, puedes observar toda la escena. No existe el esfuerzo de concentrarse en algo, no existe el esfuerzo de contemplar algo. No estás haciendo ninguna de estas cosas, simplemente estás observando, siendo consciente. Es un truco. No es una ciencia, no es un arte, no es una habilidad; es un truco.

Así que solo tienes que seguir jugando con la idea. Sentado en tu cuarto de baño, simplemente juega con la idea de que no estás haciendo nada. Y un día te sorprenderás: solo jugando con la idea, ha ocurrido; porque es tu naturaleza. Exactamente en el momento adecuado... nunca se sabe cuándo es el momento adecuado, cuándo es la oportunidad adecuada, así que sigue jugando.

Alguien le preguntó a Henry Ford; porque él había dicho: «Mi éxito no se debe nada más que a cazar la oportunidad adecuada en el momento adecuado. La gente o bien piensa en las posibilidades que hay en el futuro —que no puedes agarrar— o en las oportunidades que han pasado. Cuando se han ido y solo queda el polvo en el camino, se dan cuenta de que la oportunidad ha pasado».

Alguien le preguntó: «Pero si no piensas en una oportunidad en el futuro y no piensas en una oportunidad que ha pasado, ¿cómo vas a agarrarla cuando llegue? Hay que estar preparado».

Él contestó: «Preparado, no; simplemente tienes que estar saltando. Uno nunca sabe cuándo se puede presentar. Cuando aparezca, ¡simplemente salta sobre ella!».

Lo que dijo Henry Ford tiene un enorme significado. Él dice: «Tú simplemente sigue saltando. No esperes; no te preocupes de si hay una oportunidad o no: simplemente sigue saltando. Uno nunca sabe cuándo llega. Cuando llegue, salta sobre ella y márchate. Si sigues buscando en el futuro, ¿cuándo va a llegar la oportunidad?». El futuro es impredecible. Si esperas, pensando: «Cuando llegue la agarraré», para cuando te des cuenta de que está ahí, se habrá ido. El tiempo vuela, rápidamente, allí solo quedará el polvo.

«Es mejor que te olvides de las oportunidades y que aprendas a saltar, así cuando lleguen...».

Eso es lo que yo te digo: sigue jugando con la idea. Estoy utilizando la palabra jugar, porque no soy un hombre serio y mi enfoque de la religión no es serio. Simplemente, sigue jugando; y tienes suficiente tiempo.

En cualquier ocasión, acostado en la cama, si no te duermes, juega con la idea. ¿Por qué preocuparse por el sueño? Vendrá cuando venga. No puedes hacer nada para provocarlo, no está en tus manos, así que ¿por qué preocuparse por él? Si algo no está en tus manos, olvídate de ello. Este momento está en tus manos, ¿por qué no utilizarlo? Acostado en tu cama, en una fría noche bajo tu manta, a gusto y disfrutando, simplemente, juega con la idea. No tienes que sentarte en la postura del loto. En mi enfoque de la meditación, no hace falta que te tortures a ti mismo en ningún sentido.

Si te gusta la postura del loto, bueno, te puedes sentar así. Pero los occidentales vienen a India y les cuesta seis meses aprender a sentarse en la postura del loto, y están torturándose a sí mismos.

Y creen que cuando han aprendido la posición del loto, han conseguido algo. Toda India se sienta en la postura del loto; nadie ha conseguido nada. Es simplemente su forma natural de sentarse. En un país frío, necesitas una silla donde sentarte, no puedes sentarte en el suelo. En un país cálido, ¿quién se preocupa por una silla? Te sientas en cualquier parte.

No se necesita ninguna postura especial, no se necesita ningún momento en especial. Hay personas que piensan que hay momentos especiales. No, para la meditación no; cualquier momento es un momento adecuado; simplemente, tienes que estar relajado y jugando. Y si no ocurre, no importa; no te sientas triste… porque yo no estoy diciendo que ocurrirá hoy, o mañana, o dentro de tres o seis meses. No te estoy creando ninguna expectativa, porque eso se convertiría en una tensión en tu mente. Puede ocurrir cualquier día, puede que no ocurra: todo depende de lo juguetón que seas.

Empieza a jugar; en la bañera, cuando no estés haciendo nada, ¿por qué no jugar? Bajo la ducha no estás haciendo nada, la ducha está haciendo el trabajo. Tú, simplemente, estás ahí de pie; durante esos pocos momentos, sé juguetón. Andando por un camino, caminar lo puede hacer el cuerpo; a ti no se te necesita, las piernas lo hacen. En cualquier momento en que puedas sentirte relajado, no tenso, juega con la idea de la meditación de la forma que te he explicado. Tan solo estate en silencio, centrado en ti mismo, y algún día… ¡Y solo hay siete días, no te preocupes!

Así que en lunes, martes, miércoles, jueves, viernes, sábado, o por lo menos en domingo —en uno de los siete días—, algún día va a ocurrir. Disfruta con la idea y juega con ella tantas veces como puedas. Si no ocurre nada —yo no te estoy prometiendo nada—, está perfectamente bien, has disfrutado. Has jugado con la idea, le has dado una oportunidad.

Sigue dándole una oportunidad. Henry Ford dijo: «Sigue saltando y cuando llegue la oportunidad, salta sobre ella». Yo digo justo lo contrario. Sigue dándole una oportunidad a la meditación, y cuando llegue el momento adecuado y tú estés relajado y abierto, ella saltará sobre ti.

Y una vez que la meditación salta sobre ti, nunca se va.

No hay manera.

¡Así que piénsatelo dos veces antes de empezar a jugar!

dos

LA MEDITACIÓN ES TU NATURALEZA

¿QUÉ ES LA MEDITACIÓN? ¿Es una técnica que puede practicarse? ¿Es un esfuerzo que tienes que hacer? No.

Todo lo que la mente pueda hacer no puede ser meditación, es algo que está más allá de la mente, la mente es absolutamente impotente ahí. La mente no puede penetrar la meditación; donde acaba la mente empieza la meditación. Es necesario recordar esto, porque en la vida, cualquier cosa que hagamos, la hacemos a través de la mente; cualquier cosa que logremos, la logramos a través de la mente. Y entonces, cuando nos volvemos hacia el interior, de nuevo empezamos a pensar en términos de técnicas, métodos, actos, porque toda la experiencia de la vida nos muestra que todo puede hacerse con la mente. Sí. Excepto la meditación, todo puede hacerse con la mente; todo se hace por medio de la mente excepto la meditación. Porque la meditación no es un logro, es ya así, es tu naturaleza. No tiene que lograrse; solo tiene que reconocerse, solo tiene que recordarse. Está ahí, esperando por ti, solo volverse hacia adentro y está disponible. La has llevado contigo siempre.

La meditación es tu naturaleza intrínseca, es tú, es tu ser, no tiene nada que ver con tus actos. No puedes *tenerla*, no puedes *no* tenerla, no puede ser poseída. No es una cosa. Es tú. Es tu ser.

Una vez que entiendes lo que es la meditación, las cosas se vuelven muy claras. De lo contrario, puedes seguir andando a tientas en la oscuridad.

La meditación es un estado de claridad, no un estado mental. La mente es confusión. La mente nunca es clara. No puede serlo. Los pensamientos producen nubes a tu alrededor, son nubes sutiles. Producen una niebla y se pierde la claridad. Cuando los pensamientos desaparecen, cuando ya no hay más nubes en torno a ti, cuando estás en tu simple ser, ocurre la claridad. Entonces, puedes ver a gran distancia; entonces, puedes ver hasta el mismo final de la existencia; entonces, tu mirada se vuelve penetrante, hasta el mismo centro del ser.

La meditación es claridad, absoluta claridad de visión. No puedes pensar en ella. Tienes que abandonar el pensamiento. Cuando digo: «Tienes que abandonar el pensamiento», no saques conclusiones apresuradas, porque tengo que utilizar el lenguaje. Así que digo: «Abandona el pensamiento», pero si empiezas a abandonar, perderás el significado, porque de nuevo lo reducirás a un hacer.

«Abandona el pensamiento» significa sencillamente: no hagas nada. Siéntate. Deja que los pensamientos se serenen por sí mismos. Deja que la mente abandone por su cuenta. Tú solamente siéntate, mirando a la pared, en un rincón silencioso, sin hacer nada en absoluto. Relajado. Suelto. Sin esfuerzo. Sin ir a ningún lugar. Como si estuvieras quedándote dormido despierto; estás despierto y relajándote, pero todo tu cuerpo está quedándose dormido. Permaneces alerta dentro, pero todo el cuerpo se mueve hacia la relajación profunda.

Los pensamientos se apaciguan por su cuenta, no necesitas saltar en medio de ellos, no necesitas intentar ponerlos en orden. Es como si un arroyo se hubiera enfangado... ¿qué haces? Saltas dentro y empiezas a ayudar a la corriente a volverse clara... La volverás más turbia. Simplemente te sientas a la orilla. Esperas. No se puede hacer nada. Porque cualquier cosa que hagas enturbiará más la corriente. Si alguien ha cruzado un arroyo y las hojas secas han salido a la superficie y se ha levantado fango, solo se necesita paciencia. Simplemente te sientas a la orilla. Observa, con indiferencia. Y la corriente continúa fluyendo, las hojas secas serán arrastradas y el barro empezará a asentarse porque no puede flotar por siempre.

Después de un tiempo, súbitamente, te darás cuenta: el arroyo es cristalino de nuevo.

Cada vez que un deseo cruza tu mente, la corriente se enturbia. Así que siéntate solamente. No trates de hacer nada. En Japón, a ese «solamente sentarse» se le llama *zazen*; sentarse solamente y no hacer nada. Y un día ocurre la meditación. No es que tú la traigas a ti, ella viene a ti. Y cuando viene, inmediatamente la reconoces; ha estado siempre ahí, pero tú no mirabas en la dirección correcta. El tesoro ha estado contigo, pero tú estabas ocupado en algún otro lugar: en los pensamientos, en los deseos, en mil y una cosas. No estabas interesado en la única cosa… y esa cosa era tu ser.

Cuando la energía se vuelve al interior —lo que Buda llama *parabvrutti*: el retorno de tu energía a la fuente— súbitamente se alcanza la claridad. Entonces, puedes ver las nubes a miles de kilómetros de distancia y puedes oír la música antigua de los pinos. Entonces, todo está a tu disposición.

Hay que entender unas cuantas cosas respecto a la mente. Porque cuanto más entiendas el mecanismo de la mente, más posibilidades hay de que no interfieras. Cuanto mejor entiendas cómo funciona la mente, hay más posibilidades de que puedas sentarte en *zazen*; de que seas capaz de solamente sentarte, sentarte y no hacer nada; de que puedas permitir que la meditación ocurra. Es algo que ocurre.

Pero la comprensión de la mente será útil; de lo contrario, podrías seguir haciendo algo que ayude a la mente a continuar funcionando, algo que continúe dando cooperación a la mente.

Lo primero sobre la mente es que es un parloteo continuo. Estés hablando o no, sigue con la charla interior; estés despierto o dormido, la charla interior continúa como una corriente subterránea. Puede que estés haciendo algún trabajo, pero la charla interior continúa; vas manejando, o estás cavando un hueco en el jardín, pero la charla interior continúa.

La mente está hablando constantemente. Si la charla interior puede cesar aunque sea durante un momento, podrás tener un atisbo de la no-mente. De eso se trata la meditación. El estado de no-mente es el estado correcto. Es tu estado.

¿Pero cómo llegar a un intervalo donde la mente detenga el parloteo interior? Si lo intentas, de nuevo lo perderás. Pero no es necesario intentarlo. De hecho, el intervalo está ocurriendo continuamente; solo se necesita un poco de estado de alerta. Entre dos pensamientos hay un intervalo; incluso entre dos palabras hay un lapso. De lo contrario, las palabras se atropellarían; de lo contrario, los pensamientos se traslaparían. Y no lo hacen.

Cualquier cosa que digas... Dices: «Una rosa es una rosa es una rosa». Entre dos palabras, hay un lapso; entre «una» y «rosa» hay un lapso, aunque sea muy pequeño, aunque sea invisible, aunque sea imperceptible. Pero el lapso está ahí; de lo contrario «una» atropellaría a «rosa». Solo un poco de actitud de alerta, solo un poco de atención y puedes ver el lapso: una-rosa-es-una-rosa-es-una-rosa. El lapso está ocurriendo continuamente; después de cada palabra, el lapso es recurrente.

Hay que cambiar el enfoque. Habitualmente, te fijas en las palabras, no en los lapsos. Te fijas en «una», te fijas en «rosa», pero no te fijas en el espacio que hay entre las dos. Cambia tu atención. ¿Has visto? Hay cuadros que se pueden mirar de dos formas: en uno de ellos, si miras de una manera, hay una anciana, pero si sigues mirando, de repente el cuadro cambia y puede verse una bella joven. Las mismas líneas producen ambas caras: la de una anciana y la de una joven. Si continúas mirando la cara joven, cambia de nuevo, porque la mente no puede permanecer constante en nada, es un flujo. Y si continúas mirando la cara vieja, volverá a cambiar a una cara joven.

Notarás una cosa: cuando ves la cara vieja, no puedes ver la cara joven, aunque sabes que está escondida en alguna parte; la has conocido, la has visto. Y cuando ves la cara joven, no se puede ver la cara vieja; desaparece, aunque sabes que está ahí.

No puedes ver las dos juntas. Son contradictorias. No pueden verse juntas. Cuando ves la figura, desaparece el fondo. La mente tiene una capacidad de conocer limitada; no puede conocer lo contradictorio. Por eso, no puede conocer a Dios, Dios es contradictorio; por eso, no puede conocer el centro más íntimo de tu ser, es contradictorio, incluye todas las contradicciones, es paradójico.

La mente solo puede ver una cosa a la vez, y lo contrario no es posible al mismo tiempo. Cuando ves lo contrario, lo primero desaparece. La mente se mantiene fijándose en las palabras, así que no puede ver los silencios que van después de cada palabra. Cambia de foco. Simplemente siéntate en silencio. Empieza a fijarte en los espacios. No con esfuerzo, no hay necesidad de tensionarse. Relajado —fresco—, de una forma juguetona, solo como diversión. No hay necesidad de ser religioso respecto a ello; de lo contrario te vuelves serio, y una vez que te vuelves serio, es muy difícil pasar de las palabras a las no-palabras. Es muy fácil si permaneces suelto, fluyendo, no serio, juguetón, como si fuera solo diversión.

Millones de personas se pierden la meditación porque la meditación ha adquirido una connotación errónea. Parece muy seria, parece sombría, tiene algo de la iglesia, parece como si fuera solo para personas que están muertas, o casi muertas, que son lúgubres, serias, de cara larga, que han perdido el aire festivo, la diversión, el carácter juguetón, la celebración. Estas son las cualidades de la meditación. Una persona realmente meditativa es juguetona: para ella la vida es diversión, la vida es *leela*, un juego. La disfruta tremendamente. No es serio. Es relajado.

Siéntate en silencio, relajado, suelto, y simplemente permite que tu atención fluya hacia los lapsos, deslízate de los bordes de las palabras a los intervalos. Deja que los intervalos se vuelvan más prominentes y permite que las palabras se desvanezcan. Es como si estás mirando a un pizarrón y yo pongo un puntito blanco en él: puedes ver el punto, entonces el pizarrón se va lejos, o puedes ver el pizarrón, entonces el punto se vuelve secundario, un fenómeno en la sombra. Puedes continuar cambiando la atención entre la figura y el fondo.

Las palabras son figuras; el silencio es el fondo. Las palabras vienen y van; el silencio permanece. Cuando naciste, naciste como un silencio, solo intervalos e intervalos, lapsos y lapsos. Viniste con infinito vacío, trajiste a la vida contigo vacío sin límites; después, empezaste a coleccionar palabras.

Por eso, si retrocedes en la memoria, si tratas de recordar, no puedes ir más atrás de la edad de cuatro años. Porque antes de los cuatro años, estabas casi vacío; las palabras empezaron a reunirse en tu memoria desde la edad de cuatro años. La memoria puede funcionar solo cuando funcionan las palabras, el vacío no deja huella en ti. Por eso, cuando retrocedes y tratas de recordar, puedes recordar, como mucho, los cuatro años de edad. O, si eras muy inteligente, entonces tu recuerdo puede retroceder a los tres años de edad. Pero llega un punto en el que súbitamente no hay recuerdo. Hasta ese momento eras un vacío: puro, virgen, no corrompido por las palabras. Eras puro cielo. El día que mueras, de nuevo, tus palabras caerán y se esparcirán; te trasladarás a otro mundo o a otra vida de nuevo con tu vacío.

El vacío es tu mismo ser.

He oído decir que Shankara acostumbraba a contar la siguiente historia sobre un pupilo que preguntaba continuamente a su maestro sobre la naturaleza del ser esencial. Cada vez que surgía la pregunta, el maestro se hacía el sordo, hasta que finalmente se volvió a su pupilo un día y dijo: «Te lo estoy enseñando, pero no me sigues. El ser es el silencio».

Mente significa palabras, ser significa silencio. La mente no es nada más que todas las palabras que has acumulado; el silencio es aquello que siempre ha estado contigo, no es una acumulación. Ese es el significado del ser. Es tu cualidad intrínseca. Sobre el fondo del silencio vas acumulando palabras, y las palabras en total se conocen como la mente. El silencio es meditación. Es una cuestión de cambiar el enfoque, de mover la atención desde las palabras hacia el silencio, que está siempre ahí.

Cada palabra es como un precipicio: puedes dar un salto al valle del silencio. Desde cada palabra puedes deslizarte al silencio... esa es la utilidad de un mantra. Mantra significa repetir una sola palabra una vez y otra y otra. Cuando repites una sola palabra una vez y otra y otra, te aburres de esa palabra, porque se pierde la novedad. Te hartas de esa palabra, quieres deshacerte de esa palabra. El aburrimiento ayuda. Te ayuda a deshacerte de la palabra; ahora puedes caer más fácilmente en el silencio.

El silencio está siempre ahí en la esquina. Si continúas repitiendo ram, ram, ram... ¿durante cuánto tiempo puedes repetirlo? Más pronto o más tarde te hartas, te aburres. El uso de un mantra puede producir tal aburrimiento que quieres deshacerte de él, porque entonces no hay otra vía que caer en el silencio. Deja atrás la palabra y muévete hacia el intervalo; usa la palabra como trampolín y salta al abismo.

Si las palabras cambian —ordinariamente cambian, por supuesto—, tú nunca te hartas. Una palabra nueva es siempre atractiva; un sueño nuevo, un deseo nuevo, siempre son atractivos. Pero si puedes ver que la mente está sencillamente repitiendo lo mismo una y otra vez, o bien te quedas dormido o saltas al silencio, esas son las dos posibilidades. Y sé que la mayoría de personas que recitan mantras se quedan dormidas. Esa es también una posibilidad que hemos conocido durante siglos. Las madres lo saben bien. Cuando un niño no se queda dormido, dicen un mantra, ellas lo llaman una canción de cuna. Repiten dos o tres palabras en tono monótono y el niño empieza a sentir sueño. Sigue repitiendo y el niño se aburre, y no puede escapar, no puede ir a ninguna parte, así que el único escape es el sueño. Dice: «¡Sigue repitiendo! ¡Yo me voy a dormir!», y se queda dormido.

Muchos recitadores de mantras se quedan dormidos; de ahí el uso de la meditación trascendental para las personas que padecen de insomnio; de ahí su atractivo en Estados Unidos. El insomnio se ha convertido en algo normal. Cuanto más insomnio haya, mayor será el atractivo de Maharishi Mahesh Yogi, porque la gente necesita tranquilizantes. Un mantra es un tranquilizante perfecto, pero ese no es su uso real. No hay nada malo en ello, si te da un buen dormir, bueno, pero ese no es su uso real. Es como si utilizaras un aeroplano como una carreta de bueyes. Puedes utilizarlo. Puedes poner el aeroplano detrás de los bueyes y utilizarlo como carreta, no hay nada de malo en ello, servirá para un pequeño propósito, pero no es su uso. Podrías volar muy alto con él.

Un mantra tiene que usarse con la consciencia plena de que es para producir aburrimiento y tienes que recordar no quedarte dormido. De lo contrario, te pierdes su sentido. No te duermas. Continúa repitiendo el mantra y no te permitas quedarte dormido. Entonces, es mejor que lo repitas de pie, o repítelo caminando, para que no te quedes dormido.

Uno de los grandes discípulos de Gurdieff, P. D. Ouspensky, se estaba muriendo. Los médicos le dijeron que descansara, pero él no quiso hacerlo; en lugar de ello, continuó caminando toda la noche. Pensaban que se había vuelto loco. Se estaba muriendo, su energía estaba desapareciendo, ¿qué estaba haciendo? Ese era el momento de descansar; moriría más pronto si continuaba caminando. Pero él no se detenía.

Alguien preguntó: «¿Qué está usted haciendo?».

Él dijo: «Me gustaría morir alerta, despierto. No quiero morir dormido, me perdería la belleza de la muerte». Y murió caminando. Esa es la forma de hacer un mantra. Camina.

Si vas a Bodhgaya, donde Buda alcanzó la iluminación, cerca del árbol de bodi, encontrarás un pequeño sendero. En ese sendero caminaba Buda continuamente. Meditaba durante una hora bajo el árbol y después caminaba durante una hora.

Cuando sus discípulos preguntaban por qué, él decía: «Porque si me siento demasiado bajo el árbol, entonces empieza a llegar la somnolencia».

En el momento en que empieza a llegar la somnolencia, uno tiene que caminar, porque de lo contrario cae en el sueño y todo el mantra se habrá perdido. El mantra es para producir aburrimiento, el mantra es para producir un hastío, de forma que puedas saltar al abismo. Si se cae en el sueño, entonces se pierde uno el abismo.

Todas las meditaciones budistas se alternan. Las haces sentado, pero cuando sientes que la somnolencia se presenta, entonces te levantas y empiezas a hacerlas caminando. Entonces, en el momento en que veas que la somnolencia ha desaparecido, siéntate de nuevo, haz la meditación de nuevo. Si continúas haciendo esto, llega un momento en el que súbitamente sales de las palabras, como una serpiente que sale de su vieja piel. Y ocurre muy naturalmente. No hay esfuerzo en ello.

Así que lo primero que hay que recordar sobre la mente es: Es un parloteo continuo. Ese parloteo la mantiene viva, ese parloteo es un alimento para ella; sin ese parloteo, la mente no puede continuar. Así que libérate de las garras de la mente, es decir, libérate del parloteo interno.

Puedes hacer esto forzándote, pero entonces una vez más, yerras. Puedes forzarte a no hablar interiormente, lo mismo que puedes forzarte a no hablar afuera, puedes mantener un silencio forzado. Al principio es difícil, pero puedes continuar insistiendo y puedes obligar a la mente a no hablar. Es posible; si vas al Himalaya, encontrarás a muchas personas que lo han alcanzado, pero encontrarás embotamiento en sus caras, no inteligencia. La mente no ha sido trascendida, ha sido embotada, simplemente. No han pasado a un silencio vivo, simplemente han forzado a la mente y la han controlado. Es como si un niño es forzado a sentarse en un rincón y no moverse. Míralo. Se siente inquieto, pero continúa controlándose, temeroso. Reprime su energía, de lo contrario, será castigado.

Si esto continúa tanto tiempo como continúa —en la escuela los niños están sentados cinco o seis horas—, poco a poco se embotan, su inteligencia se pierde. Todo niño nace inteligente y casi el noventa y nueve por ciento de las personas mueren estúpidas. Toda la educación embota la mente y tú puedes hacerlo también.

Encontrarás personas religiosas casi estúpidas, aunque puede que no lo veas debido a tus ideas sobre ellos. Pero si tienes los ojos abiertos, ve a mirar a tus *sannyasins*, los encontrarás estúpidos e idiotas; no encontrarás ningún signo de inteligencia o creatividad. India ha sufrido mucho a causa de esa gente. Han creado un estado tan poco creativo que India ha vivido al mínimo. La parálisis no es meditación.

Ocurrió una vez en una iglesia que el predicador gritó en el servicio: «¡Todos los esposos que tienen problemas pónganse de pie!».

Todos los hombres que había en la iglesia se pararon, excepto uno.

«¡Ah!», exclamó el predicador. «¡Eres uno en un millón!».

«No es eso. No puedo ponerme de pie», dijo el hombre. «Soy paralítico».

La parálisis no es meditación; la parálisis no es saludable. Puedes paralizar la mente; hay millones de trucos disponibles para paralizarla. Hay gente que se acuesta en camas de espinas. Si yaces continuamente en una cama de espinas, tu cuerpo se vuelve insensible. No es un milagro. Estás sencillamente insensibilizando tu cuerpo. Cuando el cuerpo pierde vitalidad, no hay problema, no es en absoluto una cama de espinas para ti. Poco a poco, puedes incluso sentirte cómodo. De hecho, si se te proporciona una cama cómoda, no podrás dormir en ella. Esto es paralizar el cuerpo.

Hay métodos similares para paralizar la mente. Puedes ayunar. Entonces la mente mantiene diciendo que el cuerpo tiene hambre, pero no proporcionas alimento, no escuchas a la mente. Poco a poco, la mente se embota. El cuerpo continúa sintiendo el hambre, pero la mente no lo informa. ¿Porque para qué serviría? Nadie escucha, nadie responde. Entonces, ocurre cierta parálisis en la mente. Muchas personas que realizan largos ayunos creen que han alcanzado la meditación. No es meditación, es solo energía baja, parálisis, insensibilidad. Se mueven como cadáveres. No están vivos. Recuerda: la meditación te traerá cada vez más inteligencia, inteligencia infinita, una inteligencia radiante. La meditación te hará más vivo y sensible, tu vida se volverá más rica.

Mira a los ascetas: su vida se ha convertido casi en algo que es como si no fuera vida. Estas personas no son meditadoras. Pueden ser masoquistas, que se torturan y disfrutan la tortura... la mente es muy astuta, mantiene haciendo cosas y racionalizándolas. Habitualmente eres violento hacia los demás, pero la mente es muy astuta, puede aprender la no violencia, puede predicar la no violencia. Entonces, se vuelve violenta hacia sí misma. Y la violencia que impones a tu propio ser es respetada por la gente, porque tienen la idea de que ser asceta es ser religioso. Eso es una estupidez completa.

Dios no es asceta, de lo contrario, no habría flores, no habría árboles verdes, solo desiertos. Dios no es asceta, de lo contrario, no habría canción en la vida, no habría danza en la vida, solo cementerios y cementerios. Dios no es asceta; Dios disfruta la vida. Dios es más epicúreo de lo que puedes imaginar. Si piensas en Dios, piensa en términos de Epicuro. Dios está en búsqueda constante de más felicidad, alegría, éxtasis. Recuerda esto.

Pero la mente es muy astuta. Puede racionalizar la parálisis como meditación; puede racionalizar el embotamiento como trascendencia; puede racionalizar la muerte como renuncia. Ten cuidado. Recuerda siempre que si te mueves en la dirección correcta, continuarás floreciendo. Saldrá mucha fragancia de ti y serás creativo. Y serás sensible a la vida, al amor y a todo lo que Dios pone a tu disposición.

Mira penetrantemente el interior de tu mente, ve cuáles son sus motivaciones. Cuando hagas algo, busca inmediatamente la motivación, porque si dejas de percibir la motivación, la mente sigue engañándote y sigue diciendo que la motivación era otra cosa. Por ejemplo: llegas a casa enfadado y golpeas a tu hijo. La mente dirá: «Es por su bien, para que aprenda a comportarse». Esta es una racionalización. Llega más profundo... estabas enfadado y querías a alguien con quien pudieras enfadarte. No podías enfadarte con el jefe en la oficina; es demasiado fuerte para eso. Y es arriesgado y peligroso económicamente. No, necesitabas a alguien indefenso. Ahora bien, este niño es perfectamente indefenso, depende de ti; no puede reaccionar, no puede hacer nada, no puede pagarte con la misma moneda. No puedes encontrar una víctima más perfecta.

Mira. ¿Estás enfadado con el niño? Si lo estás, entonces la mente te está engañando.

La mente te engaña veinticuatro horas al día y tú cooperas con ello. Entonces, finalmente, eres desgraciado, aterrizas en el infierno. Busca cada momento la motivación real. Si puedes encontrar la motivación real, la mente se volverá cada vez más incapaz de engañarte. Y cuanto más lejos estés del engaño, más capaz serás de moverte más allá de la mente, más te convertirás en un maestro.

He oído:

Un científico le decía a su amigo: «No entiendo por qué insistías en que tu esposa llevara cinturón de castidad mientras tú estabas de viaje en una convención. Después de todo, entre nosotros como viejos amigos, con la cara y el cuerpo de Emma, ¿quién lo haría?».

«Lo sé, lo sé», replicó el otro. «Pero cuando vuelva a casa, siempre puedo decir que perdí la llave».

Mira, busca la motivación inconsciente. La mente continúa intimidándote y mandándote porque no eres capaz de ver sus motivaciones reales. Una vez que una persona se vuelve capaz de ver las motivaciones reales, la meditación está muy cerca... porque entonces la mente ya no te tiene atrapado.

La mente es un mecanismo. No tiene inteligencia. La mente es un biocomputador. ¿Cómo puede tener ninguna inteligencia? Tiene habilidad, pero no tiene inteligencia; tiene una utilidad funcional, pero no tiene consciencia. Es un robot; trabaja bien, pero no la escuches demasiado, porque entonces perderás tu inteligencia interior. Entonces es como si le estuvieras pidiendo a una máquina que te guíe, que te dirija. Le estás pidiendo a una máquina que no tiene nada original, no puede tenerlo. Ni un solo pensamiento de la mente es nunca original, es siempre una repetición. Observa. Siempre que la mente dice algo, mira que de nuevo te está metiendo en una rutina. Trata de hacer algo nuevo y la mente tendrá menos dominio sobre ti.

Las personas que son creativas siempre, de alguna manera, se transforman fácilmente en meditadoras, y las personas que no son creativas en su vida son las más difíciles. Si vives una vida repetitiva, la mente tiene demasiado control sobre ti, no puedes apartarte de ella, tienes miedo. Haz algo nuevo todos los días. No escuches a la vieja rutina. De hecho, si la mente dice algo, dile: «Esto lo hemos hecho siempre. Ahora vamos a hacer otra cosa».

Incluso cambios pequeños... en la forma como has estado actuando con tu vida, solo cambios pequeños; en la forma como caminas siempre; en la forma como hablas siempre, pequeños cambios. Y descubrirás que la mente está perdiendo su agarre sobre ti, te estás volviendo un poco más libre.

Las personas creativas llegan más fácilmente a la meditación y más profundamente. Los poetas, los pintores, los músicos, los bailarines, pueden llegar a la meditación más fácilmente que los hombres de negocios, que viven una vida de rutina, absolutamente falta de creatividad.

He oído hablar de un padre que le estaba dando consejos a su hijo. El padre, un destacado donjuán en sus años mozos, estaba discutiendo el próximo matrimonio de su hijo.

«Hijo mío», decía, «tengo solo dos consejos que darte. Procura reservarte el derecho a una noche semanal para salir con los amigos».

Hizo una pausa; su hijo le pidió el segundo consejo y entonces él dijo: «¡No la desperdicies con los amigos!».

Está trasfiriendo su propia rutina, sus propias costumbres, a su hijo. La mente vieja continúa dando consejos a la consciencia presente, el padre que da consejos al hijo.

Cada momento eres nuevo, renacido, la consciencia nunca es vieja. La consciencia es siempre el hijo y la mente es siempre el padre. La mente nunca es nueva y la consciencia nunca es vieja, y la mente continúa aconsejando al hijo. El padre creará el mismo patrón en el hijo, entonces, el hijo repetirá lo mismo.

Has vivido de cierta forma hasta ahora. ¿No quieres vivir de una forma diferente? Has pensado de cierta manera hasta ahora. ¿No quieres nuevos atisbos en tu vida? Entonces, permanece alerta y no escuches a la mente.

La mente es tu pasado que constantemente trata de controlar tu presente y tu futuro. Es el pasado muerto que continúa controlando el presente vivo. Solamente vuélvete alerta sobre ello.

¿Pero cuál es la forma? ¿Cómo continúa la mente haciéndolo? La mente lo hace con este método. Ella dice: «Si no me escuchas, no serás tan eficiente como yo. Si haces algo viejo, puedes ser más eficiente porque lo has hecho antes. Si haces algo nuevo, no puedes ser tan eficiente». La mente continúa hablando como un economista, un experto en eficiencia; continúa diciendo: «Esto es más fácil de hacer. ¿Por qué lo haces de la manera difícil? Esta es la manera de la menor resistencia».

Recuerda: siempre que tengas dos cosas, dos alternativas, escoge la nueva, escoge la más difícil, escoge aquella en la que se necesite más consciencia. A costa de la eficiencia, escoge siempre la consciencia y crearás la situación en la cual la meditación se hará posible. Estas son solo situaciones. La meditación ocurrirá. No estoy diciendo que solo por hacerlas alcanzarás la meditación, pero ayudarán. Proporcionarán la situación necesaria en ti sin la cual la meditación no puede ocurrir.

Se menos eficiente pero más creativo. Permite que ese sea el motivo. No te preocupes demasiado por los fines utilitarios. Más bien, recuerda constantemente que no estás aquí en la vida para convertirte en un producto comercial; no estás aquí para convertirte en un producto utilitario, eso está por debajo de la dignidad; no estás aquí solo para volverte cada vez más eficiente; estás aquí para volverte cada vez más vivo; estás aquí para volverte cada vez más inteligente; estás aquí para volverte cada vez más feliz. Pero eso es totalmente diferente de las maneras de la mente.

Una mujer recibió un informe de la escuela.

«Su niño es muy inteligente», decía la nota del profesor que acompañaba la tarjeta de informe, «pero pasa demasiado tiempo jugando con las niñas. Sin embargo, estoy trabajando un plan para quitarle la costumbre».

La madre firmó el informe y lo devolvió con esta nota: «Hágame saber si funciona y lo probaré con su padre».

La gente anda buscando constantemente claves para controlar a los demás, claves que pueden procurarte más provecho, claves provechosas. Si buscas claves para controlar a los demás, estarás siempre bajo el control de la mente. Olvídate de controlar a nadie. Una vez que abandones la idea de controlar a los demás —esposo o esposa, hijo o padre, amigo o enemigo—, la mente no puede mantenerte agarrado, porque se vuelve inútil.

Es útil para controlar el mundo; es útil para controlar la sociedad... Un político no puede meditar. ¡Imposible! Incluso más imposible que para un hombre de negocios. Un político está al otro extremo. No puede meditar. A veces, vienen a visitarme políticos. Están interesados en la meditación, pero no exactamente en la meditación; están demasiado tensos y quieren cierta relajación. Vienen a verme y preguntan si puedo ayudarlos, porque están demasiado tensos; su trabajo es tal conflicto continuo, tan embromador, como una carrera de ratas, continúan. Piden algo que les haga tener un poco de paz. Yo les digo que es imposible. No pueden meditar. La mente ambiciosa no puede meditar porque el fundamento básico de la meditación es ser no ambicioso. Ambición significa el esfuerzo por controlar a los demás. Eso es lo que es la política: es esfuerzo por controlar todo el mundo. Si quieres controlar a los demás, tendrás que escuchar a la mente, porque la mente disfruta mucho de la violencia.

Y no puedes intentar cosas nuevas; son demasiado arriesgadas. Tienes que intentar las cosas viejas una y otra vez. Si escuchas las lecciones de la historia, son asombrosas.

En 1917, Rusia atravesó una gran revolución; una de las más grandes de la historia. Pero de alguna forma, la revolución fracasó. Cuando los comunistas llegaron al poder, se volvieron casi como los zares, peores incluso. Stalin mató a millones de personas. ¿Qué ocurrió? Una vez que llegaron al poder, hacer algo nuevo era demasiado arriesgado. Podría no funcionar, no ha funcionado nunca antes, así que ¿quién sabe? Intenta los métodos antiguos que siempre han sido útiles. Tenían que aprender de los zares.

Todas las revoluciones fracasan porque una vez que cierto grupo de políticos llega al poder, tiene que utilizar los mismos métodos. La mente nunca está a favor de lo nuevo, siempre está a favor de lo viejo. Si quieres controlar a los demás, no podrás meditar… puedes tener absoluta certeza respecto a ese punto.

La mente vive en una especie de sueño, vive en una especie de estado inconsciente. Te vuelves consciente solo muy rara vez. Si tu vida está en un peligro tremendo, te vuelves consciente; de lo contrario, no estás consciente. La mente continúa moviéndose, adormilada. Detente a la orilla de la carretera y observa a la gente y verás sombras de sueños en sus caras. Alguien habla consigo mismo, o hace gestos, si lo miras, podrás ver que está en otro lugar, no aquí en la carretera. Es como si la gente se estuviera moviendo en sueño profundo.

El sonambulismo es el estado ordinario de la mente. Si quieres convertirte en un meditador, tienes que abandonar esta costumbre soñolienta de hacer cosas. Camina, pero permanece alerta. Cava un hueco, pero permanece alerta. Come, pero mientras comes no hagas nada, solo come. Cada bocado debería tomarse con profundo estado de alerta; mastícalo, estando alerta. No te permitas atropellar al mundo. Se aquí, ahora. Siempre que atrapes a la mente yendo a otra parte… siempre está yendo a otra parte, nunca quiere estar aquí. Porque si la mente está aquí, ya no se la necesita más; justamente, en el presente no se necesita la mente, la consciencia es suficiente. La mente se necesita solo allí, en algún lugar en el futuro, en el pasado, pero nunca aquí… Siempre que te vuelvas alerta de que la mente se ha ido a otra parte —estás en París y la mente se ha ido a Filadelfia—, ponte alerta inmediatamente. Sacúdete. Vuelve a casa. Vuelve al punto en el que estás. Comiendo, come; caminando, camina; no permitas que esta mente ande por todo el mundo.

No quiere decir que eso se vuelva meditación, pero ayudará a provocar la situación.

La fiesta estaba en su mejor momento y un hombre decidió llamar a un amigo e invitarlo a unirse a la diversión. Marcó un número equivocado y se disculpó con la voz soñolienta que contestó. En el siguiente intento, le contestó la misma voz.

«Lo siento muchísimo», dijo, «he marcado con mucho cuidado. No puedo entender cómo me equivoqué».

«Yo tampoco», dijo la voz soñolienta. «Especialmente porque no tengo teléfono».

Las personas están viviendo medio dormidas, y han aprendido el truco de hacer otras cosas sin salir de su sueño. Si te pones un poco en alerta, te encontrarás una y otra vez haciendo cosas que nunca quisiste hacer, haciendo cosas de las que sabes que te vas a arrepentir, haciendo cosas que solo el día anterior habías decidido no volver a hacer. Y dices muchas veces: «Lo hice, pero no sé cómo sucedió. Pasó a pesar de mí mismo». ¿Cómo puede algo suceder a pesar de ti mismo?

Eso es posible solo si estás adormilado. Y continúas diciendo que nunca lo quisiste, pero en alguna parte de ti, profundamente, debes haberlo deseado.

Puedes negarlo… Hace unos pocos días, vino a verme una mujer. Había sido violada en Kabul y estaba contando su historia con tanto gusto, que le dije: «Seguramente cooperaste». Ella respondió: «¿Qué estás insinuando?». ¡Se sintió herida! Le pedí que no se sintiera herida y le dije: «Estás disfrutando toda la historia. Cierra los ojos y se sincera. Al menos por esta vez, se sincera conmigo. ¿Lo disfrutaste?». Ella respondió: «¿Qué estás diciendo? ¿Que yo disfruté una violación? ¡Soy católica, una cristiana!». Le respondí: «En todo caso, cierra los ojos. No importa si eres católica, hindú o budista, cierra los ojos y medita». Ella se relajó. Era realmente una mujer sincera. Luego su expresión cambió, abrió los ojos y dijo: «Creo que estás en lo cierto. Lo disfruté. ¡Pero no se lo digas a nadie, por favor! Mi esposo vendrá a verte pronto, ¡nunca se lo menciones!».

Solo observa tu mente: en la superficie dice algo, pero en lo profundo, simultáneamente, está planeando algo diferente. Se más atento y no te muevas en sueños.

Una vieja rezongona había estado en cama una semana por orden del doctor. Nada la complacía. Se quejaba por el clima, las medicinas y, especialmente, por los platos que cocinaba su esposo.

Un día, luego de recoger la bandeja del desayuno y limpiar la cocina, el anciano se sentó en su estudio. Ella oyó el sonido de su pluma.

«¿Qué estás haciendo?», preguntó ella.

«Escribiendo una carta».

«¿A quién le escribes?».

«A la prima Ann».

«¿Sobre qué le escribes?».

«Le estoy contando que estás enferma, pero que los doctores dicen que pronto te recuperarás y que estás fuera de peligro».

Y luego de una pequeña pausa, él le preguntó: «¿Cómo se escribe cementerio con "c" o con "s"?».

En la superficie, una cosa; en lo profundo, exactamente lo opuesto. Él está esperanzado en contra de la esperanza; está esperanzado en contra de los doctores. Superficialmente, él seguirá diciendo que ella va a estar bien pronto, pero desea profundamente que de alguna manera ella se muera. Y él no lo va admitir, ni siquiera a sí mismo. Así es como te escondes de ti mismo. Detén esos trucos. Se sincero con tu mente y dejarás de estar atrapado por ella.

tres

LA MEDITACIÓN Y EL FRACASO DEL ÉXITO

¿POR QUÉ EN OCCIDENTE HAY UN CRECIENTE interés por la meditación? Y al mismo tiempo, muchos países en Oriente parecen haber perdido el interés en su propio tesoro espiritual...

Un abogado se acercó al borde de una excavación donde estaba trabajando una cuadrilla, y preguntó por Timothy O'toole. «¿Quién pregunta por mí?» —preguntó una voz ronca.

«Señor O'toole —preguntó el abogado—, ¿es usted de Castelbar, en el Condado de Mayo?».

«En efecto».

«¿Su madre se llamaba Bridget y su padre Michael?».

«Así es».

«Entonces, señor O'toole —dijo el abogado—, es mi obligación informarle que su tía Mary, de lowa, ha muerto, dejándole una herencia de 60 000 dólares».

Abajo se produjo un corto silencio y luego una gran conmoción.

«¿Viene usted, señor O'toole?» —le preguntó el abogado.

«En un minuto —fue la respuesta desde abajo—. Solo tengo que pasar a darle una paliza al capataz».

O'toole necesitó exactamente seis meses para dilapidar los 60 000 dólares, llevando una vida extremadamente desordenada. Su primera misión fue satisfacer su innata e insaciable sed. Luego regresó a su trabajo. Y allí, de nuevo, se presentó el abogado. «Esta vez ha sido su tío Patrick, señor O'toole —explicó el abogado—. Ha muerto en Texas y le ha dejado 40 000 dólares».

O'toole se apoyó pesadamente en el pico, moviendo la cabeza con gran preocupación.

«No creo que pueda aceptarlo —declaró—. Ya no soy tan fuerte como solía ser, y dudo que pueda gastar todo ese dinero y sobrevivir».

Eso es lo que ha ocurrido en Occidente. El hombre occidental ha conseguido la abundancia que toda la humanidad ha estado anhelando durante siglos. Occidente ha logrado hacerse rico económicamente, y ahora está muy cansado, agotado. Ha tenido que poner toda su alma en la empresa. La empresa ha acabado con el hombre occidental. Exteriormente, lo tiene todo a su disposición, pero ha perdido el contacto con el interior. Ahora todo lo que el hombre necesita está ahí, pero el hombre ya no está ahí. Las posesiones están ahí, pero el maestro ha desaparecido. Ha ocurrido un gran desequilibrio. La riqueza está ahí, pero el hombre no se siente rico en absoluto; por el contrario, el hombre se está sintiendo muy empobrecido, muy pobre.

Piensa en esta paradoja: solo cuando eres rico exteriormente, por contraste, te das cuenta de tu pobreza interior. Cuando exteriormente eres pobre, nunca te das cuenta de tu pobreza interior, porque no hay contraste. Se escribe con una tiza blanca sobre una pizarra negra, no sobre una pizarra blanca. ¿Por qué? Porque solo se verá sobre un fondo negro. Tiene que haber contraste.

Cuando eres exteriormente rico, de repente, ocurre una gran consciencia, la consciencia de que «interiormente soy pobre, un mendigo». A la que acompaña como si fuera su sombra la desesperanza de que: «Hemos conseguido todo lo que hemos pensado —hemos satisfecho toda la imaginación y fantasías— y de ello no ha salido nada, ni alegría, ni felicidad».

Occidente está desconcertado. De este desconcierto, surge un gran deseo: cómo volver a tener contacto con uno mismo.

La meditación no es otra cosa que retomar de nuevo tus raíces en el mundo interior, tu interioridad. Por eso, Occidente se está interesando mucho por la meditación, y se está interesando mucho por los tesoros de Oriente.

Oriente también se interesó por la meditación cuando era rico; hay que entender esto. Por eso, yo no estoy en contra de la riqueza y no creo que la pobreza tenga nada de espiritual. Estoy rotundamente en contra de la pobreza, porque cuando un país es pobre, pierde el contacto con todas las meditaciones, con todos los esfuerzos espirituales. Siempre que un país se vuelve pobre exteriormente, se vuelve inconsciente de su pobreza interior.

Por eso, en las caras indias puedes ver una especie de conformidad que no se encuentra en Occidente. No es una conformidad real; es tan solo inconsciencia de su pobreza interior. Los indios piensan: «Fíjate en la ansiedad, la angustia, y la tensión de las caras de los occidentales. Aunque seamos pobres, nosotros estamos muy contentos interiormente». Eso es una gran tontería; no están contentos. He estado observando a miles de personas; no están contentas. Pero una cosa es cierta: no son conscientes de su descontento, porque para ser consciente del descontento, hace falta la riqueza exterior. Sin riqueza exterior nadie puede hacerse consciente del descontento interior. Y hay suficientes pruebas de esto. Todos los *avatares* de los hindúes eran reyes o hijos de reyes; reyes o príncipes. Todos los *teerthankaras* de los jainas, todos los profetas de los jainas, eran reyes; y lo mismo Buda. Las tres grandes tradiciones de India ofrecen una prueba amplia.

¿Por qué Buda llegó a estar descontento, por qué empezó a buscar la meditación? Porque era rico. Vivió en la abundancia; vivió con todo lo posible, todas las comodidades, todos los adelantos materiales. De repente, se volvió consciente. Y no era muy viejo cuando se dio cuenta; solo tenía veintinueve años cuando se dio cuenta de que hay un agujero oscuro en el interior. La luz está afuera; por eso, muestra tu oscuridad interior. Exactamente igual que se muestra una mancha en una camisa blanca. Eso es lo que sucedió.

Él escapó de Palacio. Lo mismo le ocurrió a Mahavira; también él escapó de un palacio. Eso no le ocurrió a un mendigo. También había mendigos en los tiempos de Buda. De hecho, la historia cuenta que Buda renunció al mundo cuando por primera vez vio a un mendigo, un hombre viejo y un cadáver, y un *sannyasin*, un buscador. Así que había mendigos...

Buda iba a participar en un festival de la juventud; tenía que inaugurarlo. Desde su carro dorado, vio a un mendigo por primera vez; porque su padre había evitado toda su vida que Buda viera un mendigo, un enfermo, un viejo o un muerto. Los astrólogos le habían dicho al padre que si alguna vez veía esas cosas, renunciaría al mundo inmediatamente, así que no debía permitirle verlas. Así que siempre que Buda iba a alguna parte, retiraban a los mendigos, retiraban a los viejos y los obligaban a quedarse en sus casas, sin salir. Incluso en el jardín de Buda no se permitían ni siquiera hojas muertas. Todas las hojas muertas eran retiradas durante la noche, para que cuando Buda viniera por la mañana, solo pudiera ver juventud, hojas jóvenes, flores jóvenes. Él nunca había visto una flor marchitándose.

Cuando por primera vez vio un mendigo... Y la parábola es preciosa; dice que los dioses se preocuparon: «El padre está triunfando. Han pasado veintinueve años, y Buda tiene la capacidad de convertirse en una de las personas más despiertas del mundo». Los dioses se preocuparon: «El padre lo está haciendo tan bien que puede que nunca se cruce con un mendigo o un viejo; podría llegar a perder esta oportunidad». Así que fingieron; un dios caminó como un mendigo, otro como un hombre viejo, otro se convirtió en un hombre muerto y otro en un *sannyasin*.

Allí había mendigos, pero ellos no renunciaron. Ellos no tenían nada a qué renunciar; estaban contentos. Buda se volvió descontento.

Cuando India era rica, había mucha gente interesada en la meditación; de hecho, toda la gente estaba interesada en la meditación. Antes o después, empezaban a pensar en la luna, en el más allá, en el interior. Ahora el país es pobre, tan pobre que no hay contraste entre el interior y el exterior. El interior es pobre, el exterior es pobre. El interior y el exterior están en perfecta armonía; ambos son pobres. Por eso, puedes ver una especie de satisfacción en las caras de los indios, que no es verdadera satisfacción. Y por eso la gente se ha acostumbrado a pensar que la pobreza tiene algo de espiritual.

En India, se rinde culto a la pobreza. Esa es una de las razones por las que se me condena, porque yo no estoy a favor de ninguna clase de pobreza. La pobreza no es espiritualidad.

A mí me gustaría que todo el mundo se volviera lo más rico posible. Cuanto más ricas sean las personas, más espirituales se volverán. Tendrán que serlo; no podrán evitarlo. Y solo entonces surge el verdadero contento.

Cuando puedes crear riqueza interior y llega un momento en que de nuevo sucede la armonía —la riqueza exterior encontrándose con la riqueza interior—, entonces, surge el verdadero contento. Cuando la pobreza exterior se encuentra con la pobreza interior, hay un contento falso. La armonía es posible de estas dos maneras. Si el exterior y el interior están en armonía, uno se siente contento. India parece contenta porque a ambos lados de la verja hay pobreza. Hay una perfecta armonía: el exterior y el interior están a tono; pero es un contento feo, en realidad es carencia de vida, carencia de vitalidad. Este es un tipo de contento estúpido, apático, insípido.

Occidente inevitablemente va a empezar a interesarse por la meditación; no hay forma de eludirlo. Por eso, el cristianismo está perdiendo fuerza en la mente occidental, porque el cristianismo no ha desarrollado la ciencia de la meditación de ninguna manera. Ha seguido siendo una religión mediocre; lo mismo que el judaísmo.

Occidente era pobre: ese es el motivo. Hasta ahora, Occidente había vivido en la pobreza. Cuando Oriente era rico, Occidente era pobre. El judaísmo, el cristianismo y el mahometanismo, las tres religiones no indias, nacieron en la pobreza. No pudieron desarrollar técnicas de meditación; no hacía falta. Han seguido siendo religiones de pobres.

Ahora Occidente se ha vuelto rico y hay disparidad. Las religiones occidentales nacieron en la pobreza; no tienen nada que dar al hombre rico. Al hombre rico le resultan pueriles; no le satisfacen. *No pueden* satisfacerle. Las religiones orientales nacieron en la riqueza; por eso, la mente occidental se va interesando cada vez más en las religiones orientales. Sí, la religión de Buda está teniendo un gran impacto. El zen se está extendiendo como el fuego. Ello, porque nació de la riqueza.

Hay una tremenda similitud entre la psicología occidental del hombre contemporáneo y la psicología del budismo. Occidente se encuentra en el mismo estado que Oriente cuando Buda se interesó por la meditación. Era la búsqueda de un hombre rico. Y lo mismo ocurrió en el hinduismo, y en el jainismo. Estas tres grandes religiones indias nacieron de la abundancia; por eso, Occidente tiene que sentirse atraído por estas religiones orientales.

India está perdiendo el contacto con sus propias religiones. No puede permitirse entender a Buda; es un país pobre. Te sorprenderá saber que los indios pobres se están convirtiendo al cristianismo. Los ricos americanos se están convirtiendo al budismo, al hinduismo, al vedanta, y los intocables, los pobres, los más pobres de la empobrecida India, se están haciendo cristianos. ¿Te das cuenta? Estas religiones tienen cierto atractivo para los pobres. Pero no tienen ningún futuro, porque más tarde o más temprano todo el mundo será rico.

Yo no alabo la pobreza, no siento ningún respeto por la pobreza. El hombre tiene que producir ambos tipos de riqueza. ¿Por qué no ambos? La ciencia ha desarrollado la tecnología para hacerte exteriormente rico. La religión ha desarrollado la tecnología para hacerte rico interiormente: el yoga, el tantra, el taoísmo, el sufismo y el hasidismo son tecnologías de lo interior. Una historia:

> El personaje central de esta historia es una de aquellas personas que aceptan todo lo que ocurre como si fuera una manifestación de un poder divino. No era cosa suya, decía él, cuestionar los caminos de la divina providencia.
>
> Toda su vida había sido desafortunada; sin embargo, no se quejó ni una sola vez. Se casó, y su mujer se escapó con otro hombre. Tenía una hija, y la hija fue engañada por un villano. Tenía un hijo, y el hijo fue linchado. Un incendio quemó todo su granero, un ciclón se llevó su casa, una granizada destruyó su cosecha, y el banco se quedó con su granja al no poder pagar la hipoteca. A pesar de todo, cada vez que la mala suerte lo golpeaba, él se arrodillaba y le daba gracias al «todopoderoso Dios por su infinita misericordia».
>
> Después de un tiempo, sin un centavo, pero todavía sumiso a los decretos de las alturas, acabó en la casa de caridad. Un día, el encargado lo mandó a arar un campo de papas. Se levantó una tormenta, que estaba pasando sobre ellos cuando, sin aviso, cayó un rayo del cielo. Fundió el arado, le arrancó casi toda la ropa, le chamuscó la barba, marcó su espalda desnuda con el hierro de un ganadero vecino y lo arrojó sobre la valla de alambre de espino.
>
> Cuando recobró la consciencia, lentamente se levantó poniéndose de rodillas, juntó las manos y elevó los ojos hacia el cielo. Luego, por primera vez, se rebeló:
>
> «¡Señor», dijo, «esto está empezando a resultar ridículo!».

Esta es la situación en Oriente: «¡Esto está empezando a resultar ridículo!». Pero Oriente sigue dándole gracias a Dios, sigue sintiéndose agradecido. ¡Ya no hay nada por lo que sentirse agradecido! Oriente está profundamente empobrecido, enfermo, hambriento; no hay nada por lo que sentirse agradecido. Pero Oriente se ha olvidado de cómo rebelarse, Oriente se ha olvidado de hacer algo acerca de su condición.

Así que Oriente no puede meditar. Oriente está viviendo casi en una especie de inconsciencia. Está demasiado hambriento como para meditar. Solo está interesado en el pan, el cobijo, el abrigo; así que cuando los misioneros cristianos vienen y abren un hospital o una escuela, a los indios les impresiona mucho; esto es espiritualidad. Cuando yo empiezo a hablar acerca de la meditación, no están interesados; no solo no están interesados, sino que están en contra: «¿Qué clase de espiritualidad es esta?». Y yo lo comprendo; ellos necesitan pan, cobijo, abrigo, mejores casas, mejores carreteras; y por otra parte, siguen adorando la pobreza. Están en una encrucijada. Oriente no puede meditar todavía. Primero necesita tecnología científica para mejorar físicamente. Igual que Occidente necesita la tecnología religiosa, Oriente necesita la tecnología científica.

Y yo estoy a favor de un mundo unido, en el que Occidente pueda satisfacer las necesidades de Oriente y Oriente pueda satisfacer las necesidades de Occidente. Oriente y Occidente han vivido separados durante demasiado tiempo; ya no hace falta que sea así. Oriente ya no debería ser Oriente y Occidente ya no debería ser Occidente. Hemos llegado a un momento crítico en el que toda esta tierra se puede unificar —debería unificarse—, porque solo si se unifica puede sobrevivir.

Los tiempos de las naciones se han acabado, los tiempos de los políticos se han acabado. Estamos yendo hacia un mundo tremendamente nuevo, una nueva fase en la humanidad, una fase en la que solo puede haber un mundo, una sola humanidad. Y entonces habrá una tremenda liberación de energías.

Oriente tiene sus tesoros, las tecnologías religiosas, y Occidente tiene sus tesoros, las tecnologías científicas. Y si ambos se encuentran, este mundo puede convertirse en un paraíso. Ahora no hay necesidad de pedir otro mundo; por primera vez, somos capaces de crear el paraíso sobre esta tierra. Y si no lo creamos, los responsables somos nosotros y nadie más que nosotros. Yo estoy a favor de un único mundo, de una única humanidad y, por último, de una ciencia que se ocupe de ambos —un encuentro entre la religión y la ciencia—, una ciencia que se ocupe de ambos, del interior y del exterior.

cuatro

SANAR LA SEPARACIÓN ENTRE EL CUERPO Y EL ALMA

YO NO DIVIDO LA EXISTENCIA EN ESAS viejas dicotomías, el plano material y el plano espiritual. Solo hay una realidad: la materia es su forma visible y el espíritu su forma invisible. Exactamente igual que tu cuerpo y tu alma; tu cuerpo no puede existir sin tu alma y tu alma no puede existir sin tu cuerpo.

De hecho, toda la separación del pasado ha sido una pesada carga en el corazón de la humanidad; la separación entre el cuerpo y el alma. Ha creado una humanidad esquizofrénica. Tal como yo lo veo, la esquizofrenia no es una enfermedad que de vez en cuando padece alguna persona. Hasta ahora toda la humanidad ha sido esquizofrénica. Muy raramente sucede, solo de vez en cuando, que un hombre como Jesús, o Buda, o Mahavira, o Sócrates, o Pitágoras, o Lao Tse, sea capaz de escapar a este esquizofrénico patrón de nuestra vida.

Dividir la existencia en partes antagonistas, enemigas, es peligroso porque es dividir al hombre. El hombre es un universo en miniatura; si divides el universo, divides al hombre; si divides al hombre, divides el universo. Y yo creo en la indivisible y orgánica unidad de la existencia.

Para mí, no hay distinción entre lo espiritual y lo material. Puedes ser espiritual y funcionar en el plano materialista; y tu funcionamiento será más gozoso, tu funcionamiento será más estético, más sensible. Tu funcionamiento en el plano material no será tenso, no estará lleno de angustia y ansiedad.

Una vez, un hombre vino a Buda y le preguntó: «El mundo está en tal aflicción, la gente está en tal miseria, ¿cómo puedes sentarte en silencio tan gozosamente?».

Buda le contestó: «Si alguien está padeciendo de fiebre alta, ¿tiene el médico que acostarse a su lado y sufrir también? ¿Tiene que contagiarse el médico por compasión y acostarse en la cama con fiebre al lado del paciente? ¿Ayudará eso al paciente? De hecho, donde antes solo había una persona enferma, ahora habrá dos; ¡el mundo estará doblemente enfermo! El médico no necesita estar enfermo para ayudar al paciente; el médico tiene que estar sano para ayudar al paciente. Cuanto más sano esté, mejor; cuanto más sano esté, más ayuda podrá ofrecer».

Yo no estoy en contra de trabajar para un mundo mejor en el plano material. Cualquiera que sea el trabajo que estés haciendo —luchando contra el hambre, luchando por el equilibrio ecológico, luchando en contra de la pobreza, la explotación, la opresión, luchando por la libertad—, cualquiera que sea tu trabajo en el plano material, se beneficiará inmensamente si te vuelves más arraigado espiritualmente, centrado, sereno, tranquilo, calmado, porque entonces toda la calidad de tu trabajo cambiará. Entonces serás capaz de pensar de una forma más serena y te será posible actuar más graciosamente. Tu comprensión de tu propio ser interior será inmensamente útil para ayudar a los demás.

Yo no soy un espiritualista en el viejo sentido; tampoco soy un materialista en el viejo sentido. Charvaka en India, Epicuro en Grecia, Karl Marx y otros son materialistas. Ellos dicen que solo la materia es real y que la consciencia es un epifenómeno, un producto, que no tiene realidad en sí misma. Y luego hay otra gente como Shankara, Nagarjuna, que dicen justo lo mismo a la inversa. Ellos dicen que el alma es real y el cuerpo es irreal, maya, ilusión, un epifenómeno, un producto; que no tiene realidad en sí mismo.

Para mí, ambos tienen razón a medias y se equivocan a medias. Y una verdad a medias es mucho más peligrosa que una mentira completa; por lo menos esta es completa. Una mentira completa tiene cierta belleza, pero una verdad a medias es fea —fea y además peligrosa—, fea porque es una mitad. Es como cortar a un hombre en dos partes. Dividir al hombre es peligroso, porque el hombre es una unidad orgánica. Pero así es como se ha hecho a través de los siglos, y ahora se ha convertido casi en un pensamiento rutinario, en un condicionamiento.

Yo no pertenezco a ninguna escuela; ni a la escuela de los materialistas ni a la escuela de los espiritualistas. Mi enfoque es total, holístico. Yo creo que el hombre es ambas cosas juntas, espiritual y material. De hecho, tengo que utilizar las palabras «material» y «espiritual» solo porque siempre se han utilizado. De hecho, el hombre es psicosomático. No material y espiritual, porque ese «y» origina dualidad. No hay «y» entre lo material y lo espiritual, ni siquiera un guión. El hombre es materialespiritual; yo la utilizo como una sola palabra, «materialespiritual».

Lo espiritual significa el centro de tu ser y lo material significa la circunferencia de tu ser. La circunferencia no puede existir si no hay un centro, y el centro no puede existir si no hay una circunferencia.

Mi tarea es ayudar a tu centro a convertirse en claridad, en pureza. Entonces, esa pureza también se reflejará en la circunferencia. Si tu centro es hermoso, tu circunferencia tiene que volverse hermosa, y si tu circunferencia es hermosa, tu centro se tiene que sentir afectado por esa hermosura.

> Una vez estaban hablando dos místicos. El primero decía: «Una vez tuve un discípulo, y a pesar de todos mis esfuerzos, me fue imposible iluminarlo».
>
> «¿Qué hiciste?», preguntó el otro.

«Le hacía repetir mantras, mirar símbolos, vestirse de formas diferentes, saltar arriba y abajo, inhalar incienso, leer invocaciones y mantenerse en largas vigilias».

«¿No te dijo él nada que pudiera haberte dado una pista de por qué todo esto no le estaba dando una consciencia más elevada?».

«Nada. Simplemente se acostó y se murió. Lo único que dijo era irrelevante: "¿Cuándo voy a conseguir algo de comida?"».

Por supuesto, para una persona espiritual, eso es irrelevante. Hablar de comida, ¿qué tiene que ver con el espíritu? Yo no soy ese tipo de persona espiritual. Yo soy tan hedonista como Charvaka, tan materialista como Epicuro, tan espiritual como Buda y Mahavira. Yo soy el comienzo de una visión completamente nueva.

cinco

LA MEDITACIÓN ES VIDA, NO SUPERVIVENCIA

UNO TIENE QUE HACER ALGO EN LA VIDA. Unos son carpinteros, otros reyes y otros guerreros. Estas son formas de supervivencia, son maneras de ganarse el pan, el cobijo. No pueden cambiar tu ser interior. Ya seas un guerrero o un hombre de negocios, no hay ninguna diferencia: unos han escogido su forma de ganarse la vida de una manera, y otros han escogido otra.

La meditación es vida, no supervivencia. No tiene nada que ver con lo que haces; tiene todo que ver con lo que eres. Sí, los negocios no deberían entrar en tu ser, eso es verdad. Y si tu ser se ha convertido en un negociante, así es difícil meditar e imposible ser un *sannyasin*, un buscador... porque si tu ser se ha convertido en un negociante, entonces te has vuelto demasiado calculador. Y una persona calculadora es una persona cobarde: piensa demasiado, no puede decidirse a saltar.

Y la meditación es un salto: desde la cabeza al corazón, y por último desde el corazón al ser. Irás profundizando más y más en el espacio en donde los cálculos tendrán que dejarse atrás, en donde la lógica se vuelve irrelevante. Allí no te puedes llevar tu perspicacia.

De hecho, la perspicacia en realidad tampoco es verdadera inteligencia; la perspicacia es un pobre sustituto de la inteligencia. La gente que no es inteligente aprende a ser lista. La gente inteligente no necesita ser lista; es inocente, no necesita ser astuta. Funciona desde un estado de no saber.

Si eres un hombre de negocios, está bien. Si Jesús se puede convertir en un meditador y un *sannyasin*, y finalmente en un cristo, un buda... y él era el hijo de un carpintero, ayudaba a su padre, traía madera, aserraba madera, si el hijo de un carpintero se puede convertir en un buda, ¿por qué tú no?

Kabir era tejedor. Continuó con su oficio durante toda su vida; incluso después de su iluminación, todavía tejía; ¡le encantaba! Muchas veces sus discípulos le preguntaban, le rogaban con lágrimas en los ojos que: «Ya no necesitas trabajar; ¡nosotros estamos aquí para cuidarte! Con tantos discípulos, ¿por qué seguir hilando, tejiendo en la vejez?». Y Kabir solía contestar: «¿Pero sabéis para quién estoy tejiendo, para quién estoy hilando? ¡para Dios!; porque ahora todo el mundo es Dios para mí. Es mi forma de rezar».

Si Kabir puede convertirse en un buda y todavía seguir tejiendo, ¿por qué tú no vas a poder?

Pero los negocios no deberían entrar en tu ser. Los negocios solo deberían ser una cosa exterior, tan solo una forma de supervivencia. Cuando cierres tu tienda, olvídate de tu negocio. Cuando llegues a casa, no te lleves el negocio en la cabeza. Cuando estés en casa con tu esposa y tus hijos, no seas un hombre de negocios. Eso es feo: eso significa que tu ser está adquiriendo el color de tus actos. Los actos son cosas superficiales. El ser debería permanecer trascendental respecto a tus actos y siempre deberías ser capaz de poner tus actos a un lado y entrar en el mundo de tu ser. Eso es lo que significa meditación.

> Un casamentero estaba intentando arreglar una pareja entre un hombre de negocios y una joven y hermosa muchacha. Pero el hombre de negocios era muy reservado. «Antes de comprar mercancía —dijo el

hombre de negocios—, miro las muestras, y antes de casarme, también debo tener una muestra».

«Pero, hombre, por el amor de Dios, no puedes pedirle a una joven respetable una cosa así» —respondió el casamentero.

«Lo siento —insistió el otro—; yo soy negociante estricto y o bien se hace a mi manera o no se hace».

El casamentero, desesperado, fue a hablar con la muchacha. «Te he encontrado un buen hombre —le dijo—, con mucho dinero. Pero es un negociante estricto, y no hace nada a ciegas. Tiene que tener una muestra».

«Escucha —dijo la muchacha—. Yo soy tan lista en los negocios como lo pueda ser él. No le daré muestras; ¡pero le puedo traer referencias!».

Si eres de *esa* clase de hombre de negocios, te será difícil meditar. Ese tipo de personas vive en un mundo completamente diferente, en un mundo muy mundano.

Era un bar muy ostentoso en la mejor parte de la ciudad. El recién llegado ordenó una botella de cerveza. Y pagó con un billete de un dólar; se sorprendió cuando el barman le devolvió noventa centavos. Cuando le preguntó al barman, este le dijo que solo cobraba diez centavos.

El cliente, hambriento y complacido con los aparentemente bajos precios del lugar, pidió un sándwich de jamón y queso con pan de centeno.

«Eso serán quince centavos», dijo el barman.

Los ojos del cliente se desorbitaron: «No lo comprendo. ¿Cómo puedes vender tan barato?», —preguntó.

«Escuche amigo», le contestó el barman, «yo solo trabajo aquí. Yo no soy el jefe. ¡Él está en el piso de arriba con mi mujer y yo le estoy haciendo lo mismo a él aquí abajo!».

Hay ciertas mentes que siempre funcionan de una forma comercial; en todas las dimensiones de la vida, son siempre negociantes. Si tú eres de esa clase de negociantes, entonces este no es un lugar para ti.

Este es un lugar para jugadores, este es un lugar para gente que puede arriesgar, que puede arriesgarlo todo por nada. Sí, exactamente por nada, porque la meditación te llevará hacia la nada. Pero aquellos que llegan a la nada de la meditación se dan cuenta inmediatamente de que, además, han llegado a la plenitud de Dios. Tu nada es la plenitud de Dios, este es el otro aspecto. *Tú* te conviertes en nada y, de repente, una gran plenitud desciende sobre ti; estás rebosante de Dios. Al convertirte en nada, te vuelves espacioso, te conviertes en el anfitrión del gran huésped.

Pero si estás calculando constantemente, no puedes convertirte en nada. ¿Cómo vas a abandonarlo todo para ser nada? Siempre estarás calculando: te moverás con cautela.

Entonces, esto no es para ti. Entonces, vete con cualquiera de los viejos, tradicionales seudomaestros. Ellos te consolarán. Ellos te dirán que puedes seguir siendo un hombre de negocios e incluso que puedes abrir una cuenta bancaria en el paraíso. Se caritativo, da algo de caridad: haz donaciones para los pobres; haz donaciones para el templo, o la iglesia, o la sinagoga, el hospital, la escuela; y serás recompensado en la otra vida. Simplemente, haz las cosas virtuosas que te puedas permitir. Si explotas a la gente, siempre les puedes devolver una pequeña parte. Puedes donar un poco a la iglesia, a alguna institución caritativa, puedes dar algo de dinero para los pobres. Estos son consuelos. Y se te reservará un lugar en el cielo.

No seas tan tonto; el cielo no es tan barato. De hecho, ese lugar llamado cielo no existe en ninguna parte; es algo que está dentro de ti. Ninguna caridad puede llevarte allí. Pero si llegas allí, toda tu vida se vuelve caridad; ese es un fenómeno completamente diferente. Si llegas allí, toda tu vida se convierte en compasión.

Sigue siendo un hombre de negocios, pero durante algunas horas olvídate de ello por completo. Yo no estoy aquí para decirte que huyas de tu vida ordinaria. Te estoy diciendo la forma y los medios, la alquimia, de transformar lo ordinario en extraordinario. En tu negocio, se un hombre de negocios, pero en tu casa, deja de serlo. Y algunas veces, durante unas horas, olvídate incluso de tu casa, tu familia, tu esposa, tus hijos. Durante unas horas, estate solo contigo mismo. Sumérgete cada vez más profundamente en tu propio ser. Disfruta de ti mismo, ámate a ti mismo.

Y poco a poco, te irás dando cuenta de que está apareciendo un gran gozo sin que haya una causa en el mundo exterior, no causado por lo exterior. Eso es meditación.

Sentado en silencio, sin hacer nada, llega la primavera y la hierba crece por sí sola. Siéntate en silencio y espera la primavera. Llega, siempre llega, y cuando llega, la hierba crece por sí sola. Verás que surge en ti un gran gozo sin ninguna razón en absoluto. ¡Entonces, compártelo, entonces, dalo a la gente! Entonces, tu caridad será interior. Entonces, no será tan solo un medio para conseguir alguna meta; entonces, tendrá un valor intrínseco.

Y una vez que te has convertido en un meditador, ¡*sannyas* no está lejos! Particularmente, mi *sannyas* no es otra cosa que vivir en el mundo ordinario, pero vivir de tal manera que uno no sea poseído por él; permaneciendo trascendental, permaneciendo en el mundo y a la vez un poco por encima de él. Eso es *sannyas*.

No es el *sannyas* al viejo estilo, en el que tienes que huir de tu esposa, tus hijos, tu negocio, y retirarte al Himalaya. Ese tipo de cosas no ha funcionado en absoluto. Muchos se retiraron al Himalaya, pero se llevaron sus estúpidas mentes con ellos. El Himalaya no ha sido de ninguna utilidad para ellos; por el contrario, han destruido la belleza del Himalaya, eso es todo. ¿Cómo podría ayudarte el Himalaya? Puedes retirarte del mundo, pero no puedes dejar la mente. La mente se irá contigo; está dentro de ti. Y donde sea que tú estés, tu propia mente creará el mismo tipo de mundo a tu alrededor.

Un gran místico se estaba muriendo. Llamó a su discípulo, a su discípulo principal. El discípulo estaba muy contento porque el maestro lo había llamado. Eran una multitud y lo estaba llamando solo a él; le daría alguna clave secreta que hasta ahora no le había dado a nadie. «¡Esta es la forma de elegirme como su sucesor!». Se acercó.

El maestro le dijo: «Solo tengo una cosa que decirte. Yo no le hice caso a mi maestro; él también me lo dijo cuando se estaba muriendo, pero yo era estúpido y no le hice caso, y ni siquiera comprendí lo que quería decir. Pero por mi propia experiencia, yo te digo que tenía razón, aunque cuando me lo dijo, me pareció muy absurdo».

El discípulo preguntó: «¿De qué se trata? Por favor, dímelo. Intentaré seguirlo palabra por palabra».

El maestro dijo: «Es algo muy sencillo: ¡Nunca, jamás en la vida, tengas un gato en casa!». ¡Y antes de que el discípulo pudiera preguntarle por qué, el maestro murió!

Ahora se sentía desorientado; ¡qué cosa tan absurda! ¿Y ahora a quién iba a preguntar? Preguntó entre los más viejos del lugar: «¿Hay alguna pista que pueda ayudar a descifrar este mensaje? ¡Tiene que encerrar algún misterio!».

Un viejo le dijo: «Sí, yo lo sé, viene de que su maestro —el maestro de tu maestro— le dijo: "¡Nunca, jamás tengas un gato en casa!". Pero él no le hizo caso. Yo conozco la historia completa».

El discípulo le rogó: «Por favor, cuéntemela para que yo pueda comprender. ¿Cuál es el secreto que se oculta detrás de todo esto? Quiero que me lo descifres para poder seguirlo».

El viejo se rio. Le dijo: «Es una cosa muy sencilla, no es absurda. El maestro de tu maestro pasó un gran mensaje, pero él nunca preguntó: "¿Qué significa todo esto?". Tú, por lo menos, eres lo bastante inteligente como para preguntarlo. Él simplemente se olvidó de ello. Tu maestro era joven cuando le pasaron el mensaje; solía vivir en el bosque, solo tenía dos prendas de vestir; eso era todo lo que poseía. Pero había grandes ratas en la casa que roían sus ropas, y una y otra vez tenía que pedir ropa a los aldeanos.

»Los aldeanos le dijeron: "¿Por qué no te haces con un gato? Tú simplemente ten un gato y el gato se comerá las ratas y no tendrás problema. Porque si no —nosotros somos gente pobre—, ¿cómo vamos a proporcionarte ropa nueva todos los meses?".

»Era lógico que le pidiera a alguien un gato. Se consiguió el gato, pero entonces fue cuando empezó el problema. El gato sin duda salvó su ropa, pero necesitaba leche, porque una vez que se acabaron las ratas, el gato estaba famélico. Y el pobre hombre no podía meditar porque el gato siempre estaba allí, maullando, gritando, moviéndose a su alrededor una y otra vez.

»Fue a los aldeanos y estos le dijeron: "Esta es una difícil cuestión; ahora tenemos que proporcionarte leche. Podemos darte una vaca. Se acabó, llévate una vaca. Puedes beberla tú y también tu gato. De esa forma, no tendrás que venir tampoco por tu comida".

»La idea era absolutamente correcta. Se llevó la vaca... entonces empezó el mundo. La vaca necesitaba hierba, y la gente le dijo: "En las próximas vacaciones vendremos; haremos un claro en el bosque, prepararemos la tierra. Tú empieza a sembrar un poco de trigo, otras cosas, y deja una parte para la hierba".

»Y los aldeanos vinieron de acuerdo a lo prometido. Aclararon el bosque, limpiaron el terreno, plantaron trigo. Pero entonces, había un gran problema: había que regar... Y todo el día el pobre hombre estaba ocupado cuidando el sembrado. ¡No había tiempo para meditar, no había tiempo para leer las escrituras!

»De nuevo, volvió a los aldeanos. Les dijo: "Cada vez me estoy metiendo en más dificultades. Ahora la cuestión es cuándo meditar; no me queda ningún tiempo".

»Ellos le contestaron: "Tú espera. Una mujer se acaba de quedar viuda, todavía es joven y tenemos miedo de que tiente a los más jóvenes del pueblo. Por favor, llévatela contigo. Y además, ella goza de buena salud; cuidará de tu campo, de la vaca, del gato, y te cocinará, y además también es muy religiosa".

»Así es como las cosas llegaron a su lógica conclusión. ¡Ahora, a dónde ha llegado el hombre desde el gato!

»Así que la mujer vino y empezó a cuidarle, y él se sintió muy feliz durante unos días. Ella le daba masajes en los pies... y poco a poco, ocurrió lo que tenía que ocurrir; se casaron. Y en India, cuando te casas, tienes por lo menos una docena de hijos; ¡una docena es lo mínimo! Así que toda meditación, todo *sannyas*, desapareció.

»Él solo se acordó cuando se estaba muriendo. Recordó de nuevo que cuando su maestro estaba muriendo le había dicho: "Ten cuidado con los gatos". Por eso, él te lo ha dicho a ti. ¡Ahora tú ten cuidado con los gatos! Un solo paso en la dirección errónea y tienes que seguir por el camino erróneo; y tu mente te acompaña adonde vayas».

Yo he estado en el Himalaya. Una vez estuve en una parte profunda del Himalaya con dos amigos míos. Entramos en una cueva vacía; era tan bonita que pasamos la noche allí. Por la mañana, vino un monje y dijo: «¡Salid! ¡Esta cueva es *mía*!».

Yo le contesté: «¿Cómo puede ser esta cueva tuya? A mí no me lo parece; esta es una cueva natural. Tú no la reclamas, no puedes reclamarla, tú no la has construido. Además, tú, que has renunciado al mundo, a tu casa, a tu mujer, a tus hijos, a tu dinero, a todo lo demás, y ahora la estás reclamando: "Esta cueva es mía; ¡salid de aquí!". ¡Esta cueva no es de nadie!».

Él se enfadó mucho. Dijo: «Tú no me conoces; ¡yo soy un hombre peligroso! No te la puedo dejar. ¡He vivido en esta cueva durante trece años!».

Lo provocamos todo lo que pudimos y él estaba completamente encendido, dispuesto a pelear, ¡dispuesto a matar! Y entonces, yo le dije: «Espera; nos marcharemos. Simplemente, te estamos provocando para mostrarte que a pesar de que hayan pasado trece años, tú tienes la misma mente. Ahora esta cueva es "tuya" porque tú has vivido aquí trece años, así que es tuya. No la has traído contigo a este mundo y no te la llevarás contigo cuando mueras. Además, nosotros no nos vamos a quedar aquí; simplemente, hemos pasado la noche. Nosotros no somos más que viajeros, no somos monjes. Tan solo he venido para ver cuánta gente estúpida vive por estos lares. ¡Y tú pareces ser el campeón!».

Puedes renunciar al mundo… serás el mismo. Volverás a crear el mismo mundo de nuevo, porque llevas la huella en la mente. No es cuestión de abandonar el mundo, es cuestión de cambiar la mente, renunciar a la mente. Eso es meditación.

seis

EL GOZO ES LA META; LA MEDITACIÓN, EL MEDIO

El gozo es la meta de la vida; la meditación, el medio, el camino hacia él. El gozo es el fin; la meditación es el puente, la barca que te lleva a la otra orilla. Sin meditación nadie ha sabido jamás qué es el gozo.

No es placer. El placer es fisiológico, químico; no tiene profundidad y es muy momentáneo. Por ejemplo, un orgasmo sexual es placer. Durante un momento, te sientes en la cima del mundo, pero solo por un momento. Y detrás de ese momento, se afianza una profunda tristeza y depresión; por eso, después de amar, la gente se queda inmediatamente dormida. Es una forma de evitar la tristeza que inevitablemente tiene que llegar.

Si observas a los animales, te darás cuenta de que después de haber hecho el amor, sus caras están tristes. No parecen estar extasiados. Si te fijas con atención, te darás cuenta de que están desilusionados; se sienten como si hubieran sido engañados. Y de hecho, es un truco de la naturaleza. La naturaleza te está engañando. Tiene sus propósitos; la naturaleza quiere reproducir las especies y ha ingeniado medios astutos. El más astuto es el placer que tú alcanzas durante un momento. A causa de ese placer, tú estás dispuesto a reproducirte. Si no hubiera ningún placer en absoluto, toda la actividad sexual parecería muy tonta. Parecería gimnasia o ejercicios de yoga… parecería estúpido.

Ese placer es la causa de que uno esté dispuesto a hacer cualquier clase de estupideces. Pero no es más que un fenómeno químico; no puede ser profundo, porque psicológicamente no es profundo.

El gozo ni siquiera es felicidad. Lo que nosotros llamamos felicidad es psicológico. Siempre que encuentras un momento de euforia, tu ego se siente satisfecho, tú te sientes feliz. Has llegado a ser presidente de un país, te sientes feliz; pero solo durante un tiempo, porque tu ego está satisfecho. Has vencido a todos los demás competidores, has llegado; donde otros han fracasado, tú has triunfado… o tienes mucho dinero, poder, prestigio, fama. Pero uno se cansa pronto de todo eso.

Solo los triunfadores saben lo agotador que resulta el éxito. Solo las personas ricas saben lo profundamente desilusionadas que están; pero ni siquiera pueden decirlo, porque decirlo parece incluso más estúpido; la gente se reiría. Han gastado toda su vida acumulando riqueza y ahora dicen que eso es estúpido.

Mahavira y Buda, quienes renunciaron a sus reinos, deben haber sido personas verdaderamente valientes. Se necesita valor para renunciar. Hace falta coraje para declarar: «Todo esto es estúpido y nosotros hemos estado viviendo una vida estúpida hasta ahora». El ego no quiere hacer eso; el ego quiere seguir manteniendo la ilusión. Así que en la superficie tú vas sonriendo, pero en lo profundo, solo hay lágrimas y nada más; en lo profundo hay angustia.

Siempre que el ego está satisfecho, te sientes feliz; el gozo no es la felicidad, sino un fenómeno completamente diferente. No es placer porque no es fisiológico. No es felicidad porque no es satisfacción para el ego. Por el contrario, es la disolución del ego, es disolver tu entidad separada en el todo. Eso es exactamente la meditación, disolverse, fundirse en el todo, olvidar por completo que estás separado, recordar tu unidad con el todo. Por eso, Gurdjieff solía llamar a su proceso de meditación «autorrecordar»; realmente, se trata de un recordar. Buda solía llamar a su meditación «recordar correcto».

Somos uno con el todo, aunque pensemos que estamos separados. Somos inseparables. No podemos separarnos tan solo por pensar que estamos separados. Lo único que hace falta es recordar; lo único que hace falta es abandonar esta falsa noción de que estamos separados. Y en esos raros momentos en los que puedes poner a un lado tu ego, tu personalidad, tu complejo cuerpo-mente, y solo eres un observador, un testigo, una consciencia, por primera vez, pruebas la meditación. Y con ello, inmediatamente llega una gran dicha, viene rauda hacia ti desde todas las direcciones, desde todas las dimensiones. Todo tu vacío interior se llena inmediatamente. Se convierte en un lago de gozo. Ese es el fin, y el método, el medio, es la meditación. No existe otro método, no hay otro camino.

Por eso, uno tiene que aprender a embeber el espíritu de la meditación. No importa cuánto tiempo requiera; cualquiera que sea el precio que uno tenga que pagar por ello, uno tiene que estar dispuesto. Una vez que estás dispuesto a tenerlo a cualquier precio, entonces no es difícil. Esa misma disposición te hace merecedor de ello, y las cosas se vuelven muy sencillas.

siete

TODOS SOMOS MÍSTICOS DE NACIMIENTO

UN AMIGO HA PREGUNTADO: «Seguramente la meditación sea para místicos. ¿Por qué la propones tú para la gente ordinaria y sus hijos?».

Primero, yo nunca me he cruzado con una persona ordinaria; ellas no existen. Han sido creadas solo por la gente egoísta. El egoísta tiene que crear lo ordinario; esa es la única forma en que el ego puede existir, mantenerse. No hay ni un solo ser humano que sea ordinario, porque cada ser humano es único. Cada ser humano es creado por Dios; ¿cómo podría ser ordinario? Dios nunca crea lo ordinario. Toda su creación es poco común. Cada individuo es tan único que no se ha repetido nunca. Tú nunca antes habías sido, y nunca volverás a ser. No puedes encontrar a alguien que sea igual que tú.

Olvídate de los seres humanos... ni siquiera los animales, ni siquiera los árboles, ni siquiera las piedras de la playa —ni siquiera dos piedras— son iguales. Cuando encuentras la firma de Dios, siempre es lo original, nunca lo ordinario.

Dios no es un fabricante, es un creador. Él no fabrica personas, como automóviles en una cadena de producción. Puede haber muchos coches Ford exactamente iguales; esa es la diferencia entre una máquina y un hombre. Una máquina puede ser duplicada, un hombre no puede ser duplicado. Y en cuanto empiezas a duplicar, a imitar, te conviertes más en una máquina; entonces dejas de ser respetuoso con tu humanidad. Así es como se crea la robopatología.

Tú dices: «Seguramente la meditación sea para los místicos». Es para los místicos, seguramente, pero todo el mundo es un místico de nacimiento; porque todo el mundo lleva un gran misterio dentro de él, que tiene que ser descubierto; todo el mundo lleva un gran potencial, que tiene que realizarse. Todo el mundo ha nacido con un futuro. Todo el mundo tiene una esperanza. ¿A qué te refieres cuando dices místico? Místico es aquel que está intentando descubrir el misterio de su vida, que se adentra en lo desconocido, que se aventura en lo inexplorado, cuya vida es una vida de aventura, de exploración.

Pero todos los niños empiezan de esa manera; con asombro, con sorpresa, con una gran interrogación en su corazón. Todos los niños son místicos. En alguna parte de tu así llamado crecimiento, pierdes contacto con tu posibilidad interior de ser un místico y te conviertes en un negociante o en un tendero o en un recaudador, o en un ministro. Te conviertes en otra cosa. Y empiezas a pensar que tú eres eso. Y cuando tú lo crees, así es.

Mi tarea aquí es destruir tus nociones erróneas acerca de ti mismo y liberar tu misticismo. La meditación es una forma de liberar el misticismo, y además es para todo el mundo; sin ninguna excepción, no conoce excepciones.

«Seguramente, la meditación sea para los místicos. ¿Por qué la propones tú para la gente ordinaria y sus hijos?». No hay nadie ordinario, y los niños son los más capaces. Ellos son místicos naturales. Y antes de ser destruidos por la sociedad, antes de ser destruidos por otros autómatas, por otra gente corrupta, es mejor ayudarles a conocer algo de meditación.

La meditación no es un condicionamiento, porque la meditación no es adoctrinamiento. La meditación no da ningún credo. Si le enseñas a tu hijo a ser cristiano, tienes que darle una doctrina; tienes que obligarlo a creer cosas que naturalmente parecen absurdas.

Tienes que decirle a tu hijo que Jesús nació de una madre virgen, eso es fundamental. Así estás destruyendo la inteligencia natural del niño. Si no te cree, tú te enfadas y, por supuesto, tú eres poderoso y puedes castigar al niño. Puedes torturar al niño de muchas maneras. Si te cree a ti va en contra de su inteligencia intrínseca. A él le parece un absurdo, pero tiene que transigir contigo. Y una vez que ha transigido, empieza a perder su inteligencia, se vuelve estúpido.

Si enseñas a un niño a ser mahometano, entonces, de nuevo, tendrás que enseñarle mil y una cosas absurdas. Y lo mismo sucede con el hinduismo y con toda clase de credos y dogmas. Si le enseñas a un niño meditación, no lo estás adoctrinando. No le dices que tiene que creer en algo, simplemente lo invitas a un experimento de no pensamiento. El no pensamiento no es una doctrina; es una experiencia. Y los niños son muy, muy capaces, porque están muy cerca de la fuente. ¡Ellos acaban de venir de Dios! Todavía recuerdan algo de aquel misterio. Acaban de venir del otro mundo, todavía no lo han olvidado por completo. Más tarde o más temprano, lo olvidarán, pero la fragancia todavía está a su alrededor. Por eso, todos los niños son tan hermosos, tan graciosos. ¿Has visto alguna vez un niño feo?

Entonces, ¿qué ocurre con todos esos preciosos niños? ¿Cómo desaparecen? Más tarde, en la vida, es muy difícil encontrar gente hermosa. Entonces, ¿qué ocurre con todos esos preciosos niños? ¿Por qué se convierten en personas feas? ¿Qué accidente, qué calamidad sucede en el camino?

Empiezan a perder su gracia el mismo día en que empiezan a perder su inteligencia. Empiezan a perder su ritmo natural, su elegancia natural, y empiezan a aprender comportamiento plástico. Ya no se ríen espontáneamente, ya no lloran espontáneamente, ya no bailan espontáneamente. Los has obligado a entrar en una jaula, en una camisa de fuerza. Los has encarcelado.

Las cadenas son muy sutiles; no son muy visibles. Las cadenas son de pensamiento: cristiano, hindú, mahometano. Has encadenado al niño y él no puede ver las cadenas, así que no podrá ver cómo ha sido encadenado. Y sufrirá toda su vida. En tal encarcelamiento. No es como poner a un hombre en una cárcel; es crear una cárcel alrededor de un hombre, así que vaya donde vaya la cárcel, siempre está a su alrededor. Puede irse al Himalaya y sentarse en una cueva, pero seguirá siendo hindú, seguirá siendo cristiano; y todavía tendrá pensamientos.

La meditación es un camino para ir dentro de nosotros mismos hasta esa profundidad en la que no existen los pensamientos así que no es adoctrinamiento. No es enseñarte nada; de hecho, es simplemente darte a conocer tu capacidad de estar sin pensamiento, de estar sin mente. Y el mejor momento es cuando el niño todavía no ha sido corrompido.

ocho

LA MENTE ES UNA CHARLATANA

LA MENTE ES SIMPLEMENTE UNA BIOCOMPUTADORA. Cuando un niño nace, no tiene mente; no hay charla en su interior. Este mecanismo necesita por lo menos tres o cuatro años para empezar a funcionar. Y verás que las niñas empiezan a hablar antes que los niños; son más charlatanas. ¡Ellas tienen una biocomputadora de mejor calidad!

Esta necesita ser alimentada con información; por eso, si intentas recordar toda tu vida hacia atrás, te detendrás alrededor de los cuatro años si eres un hombre, o a la edad de tres, si eres una mujer. Antes de esa edad, está en blanco. Tú estabas allí; deben haber sucedido muchas cosas, pero al parecer no hay memoria grabada, así que no puedes recordar. Pero puedes regresar atrás, recordando muy claramente hasta los cuatro o los tres años de edad.

La mente recoge sus datos de los padres, de la escuela, de otros niños, de vecinos, de parientes, de la sociedad, de la iglesia... Hay fuentes por todas partes. Y tienes que haberte dado cuenta de que, cuando empiezan a hablar por primera vez, los niños pequeños repiten la misma palabra muchas veces. ¡Qué alegría! Un nuevo mecanismo ha empezado a funcionar en ellos.

Cuando pueden decir frases, lo hacen muy gozosamente, una y otra vez. Cuando pueden empezar a hacer preguntas, preguntan acerca de todas y cada una de las cosas. Ellos no están interesados en tu respuesta, así que por favor no les des una respuesta larga de la Enciclopedia Británica. Al niño no le interesan tus respuestas; el niño simplemente está disfrutando del poder preguntar. Una nueva facultad ha empezado a existir en él.

Y así es como va recogiendo; luego empezará a leer… y más palabras. Y en esta sociedad, el silencio no se valora; lo que se valora son las palabras, y cuanto más articulado seas, más se te valorará. ¿Qué son tus líderes? ¿Qué son tus políticos? ¿Qué son tus profesores? ¿Qué son tus sacerdotes, teólogos, filósofos? Condensado en una sola palabra, son muy articulados. Ellos saben cómo utilizar las palabras con sentido, significativamente, con coherencia, así que pueden impresionar a la gente.

Nadie se da cuenta de que toda nuestra sociedad está dominada por personas verbalmente articuladas. Puede que no sepan nada; puede que no sean sabios, puede que ni siquiera sean inteligentes. Pero una cosa es segura: saben cómo jugar con las palabras. Es un juego y lo han aprendido. Y eso paga en respetabilidad, en dinero, en poder, en todos los sentidos. Así que todo el mundo lo intenta y la mente se llena con muchas palabras, con muchos pensamientos.

Y cualquier computadora se puede encender o apagar; pero la mente no se puede apagar. No tiene interruptor. No se tienen referencias de que, cuando Dios hizo el mundo, cuando hizo al hombre, hiciera un interruptor para poder encender o apagar la mente. No hay interruptor, así que continúa funcionando desde el nacimiento hasta la muerte.

Te sorprenderá saber que las personas que entienden de computadoras y que entienden del cerebro humano tienen una idea muy extraña. Ellos especulan con la idea de que si sacamos el cerebro del cráneo de un ser humano y lo mantenemos vivo mecánicamente, puede seguir charlando de la misma manera. Al cerebro no le importa no estar ya conectado a la pobre persona que lo estaba sufriendo; todavía sueña. Aun cuando esté conectado a máquinas, todavía sueña, todavía imagina, todavía teme, todavía proyecta, espera, intenta ser esto o aquello. Y es completamente inconsciente de que no puede hacer nada; la persona en la que solía estar ya no está. Se podría mantener vivo este cerebro durante mil años, instalado en aparatos mecánicos, y seguiría charlando y charlando en círculos; las mismas cosas, porque todavía no hemos sido capaces de enseñarle cosas nuevas. Una vez que podamos enseñarle cosas nuevas, repetirá cosas nuevas.

En los círculos científicos, existe la idea predominante de que cuando un hombre como Albert Einstein muere, es una pena que su cerebro también muera con él. Si pudiéramos salvar el cerebro, implantar el cerebro en el cuerpo de cualquier otra persona, entonces el cerebro podría seguir funcionando. No importa si Albert Einstein está vivo o no; ese cerebro continuaría pensando en la Teoría de la relatividad, en las estrellas y en nuevas teorías. La idea es que las personas, al igual que donan su sangre y sus ojos antes de morir, también deberían empezar a donar sus cerebros, para que estos se pudieran conservar. Si vemos que hay cerebros especiales, muy cualificados —dejarlos morir es un puro desperdicio—, luego podemos trasplantarlos. Se puede convertir a algún idiota en un Albert Einstein, y el idiota nunca lo sabrá; porque dentro del cráneo del hombre, no hay sensibilidad; puedes cambiar cualquier cosa y la persona nunca lo sabrá. Simplemente, deja a una persona inconsciente y cambia lo que quieras cambiar en su cerebro —puedes cambiar todo el cerebro— y se levantará con el nuevo cerebro, con la nueva charla, ¡y ni siquiera sospechará lo que ha pasado!

Esta charla es nuestra educación, es básicamente errónea, porque solo te enseña la mitad del proceso; cómo usar la mente. No te enseña cómo pararla para que pueda descansar, porque continúa funcionando hasta cuando estás durmiendo. No sabe lo que es dormir. Ha trabajado constantemente, setenta, ochenta años.

Si podemos educar... y eso es lo que estoy intentando imprimir en ti, que es posible. Lo llamamos meditación. Es posible poner un interruptor en la mente para apagarla cuando no se la necesite. Es útil en dos sentidos: porque te proporcionará una paz, un silencio, que nunca antes habías conocido, y un conocimiento que, por causa de la mente charlatana, no ha sido posible. Te ha mantenido siempre ocupado. Y en segundo lugar, porque también le dará descanso a la mente. Y si podemos darle un descanso a la mente, será más capaz de hacer las cosas más eficientemente, más inteligentemente.

Así que te beneficiarás por ambos lados —por el lado de la mente y por el lado del ser—; solo tienes que aprender a parar el funcionamiento de la mente, a decirle: «Ya es suficiente; ahora vete a dormir. Yo estoy despierto, no te preocupes». Utiliza la mente cuando la necesites, y entonces estará fresca, joven, llena de energía y gracia. Entonces todo lo que digas no será tan solo huesos secos; estará lleno de vida, lleno de autoridad, lleno de verdad, sinceridad, y tendrá un enorme significado. Puedes estar utilizando las mismas palabras, pero ahora la mente ha recogido tanto poder descansando que cada palabra que utiliza se convierte en fuego, se convierte en poder.

Lo que en el mundo se conoce como carisma es simplemente una mente que sabe cómo relajarse y dejar que la energía se recupere; así que cuando habla es poesía, cuando habla es evangelio, cuando habla no necesita dar evidencia o lógica alguna; tan solo su propia energía es suficiente para influir en la gente. Y la gente siempre ha sabido que hay algo... aunque nunca haya sido capaz de concretar lo que ha llamado carisma.

Quizá sea yo quien por primera vez te esté diciendo qué es el carisma, porque yo lo sé por mi propia experiencia. Una mente que trabaja día y noche tiene que estar débil, apática, inexpresiva, arrastrándose de alguna manera. Como mucho, es utilitaria; te puede servir para comprar verduras. Pero no da para más. Así que millones de personas que podrían ser carismáticas se mantienen pobres, inexpresivas, sin ninguna autoridad, sin ningún poder.

Si es posible dejar la mente en silencio y utilizarla solamente cuando se necesite —y lo es—, entonces vuelve con una fuerza impetuosa. Ha reunido tanta energía que cada palabra pronunciada va directamente a tu corazón. La gente piensa que esas mentes de personalidades carismáticas son hipnóticas; no es así. En realidad son tan poderosas, tan frescas... siempre es primavera. Esto en lo que concierne a la mente.

En lo concerniente al ser, el silencio abre un nuevo universo de eternidad, de inmortalidad, de todo lo que puedas imaginar como felicidad, bendición; de ahí mi insistencia en que la meditación es la religión esencial, la única religión. No se necesita nada más. Todo lo demás es ritual no esencial.

La meditación es justamente la esencia, la mismísima esencia. No puedes restarle nada. Y te proporciona ambos mundos. Te da el otro mundo —el divino, el mundo de la divinidad— y también te da este mundo. Entonces no eres pobre. Tienes riqueza, pero no la que proporciona el dinero.

Hay muchas clases de riqueza, y en la escala de la riqueza, la riqueza en dinero es la categoría inferior. Déjame decírtelo de esta manera: el millonario es el más pobre de los ricos. Desde el punto de vista de un pobre, es el más rico de los pobres. Comparado con la riqueza de un artista creativo, de un bailarín, de un músico, de un científico, es el más pobre de los hombres ricos. Y en lo concerniente al mundo del despertar fundamental, ni siquiera se le puede llamar rico.

La meditación te hará esencialmente rico al proporcionarte el mundo de tu ser interior; y también relativamente rico, porque liberará los poderes de tu mente en cualquiera que sea el talento que tengas. Mi propia experiencia es que todo el mundo ha nacido con un determinado talento, y hasta que uno no viva ese talento en toda su plenitud, algo en él quedará insatisfecho. Seguirá sintiendo que falta algo que debería estar ahí.

Dale un descanso a la mente, ¡lo necesita! Y es tan sencillo: simplemente conviértete en su testigo. Y te dará ambas cosas. Poco a poco, la mente empieza a aprender a estar en silencio. Y una vez que sabe que estando en silencio se hace más fuerte, entonces sus palabras no son solo palabras; tienen una validez, una riqueza y una cualidad que nunca antes habían tenido; tanto, que van directas, como flechas. Traspasan las barreras lógicas y alcanzan el corazón de lleno.

La mente es un buen sirviente de inmenso poder en las manos del silencio. Entonces el ser es el maestro, y el maestro puede utilizar la mente cuando la necesite y puede apagarla cuando no la necesite.

nueve

LA MENTE ES UN FENÓMENO SOCIAL

La mente solo puede existir en la sociedad; la mente es un fenómeno social; necesita a los otros para existir. Cuando estás solo, no puedes estar enfadado, o si te enfadas, te sentirás muy tonto. Cuando estás solo, no puedes estar triste, porque no tienes una excusa; cuando estás solo, no puedes ser violento, porque se necesita al otro. No puedes hablar, no puedes seguir charlando. No puedes utilizar la mente, la mente no puede funcionar; y cuando la mente no puede funcionar, se pone ansiosa, se preocupa. Necesita funcionar, necesita alguien con quien comunicarse.

La mente es un fenómeno social, un producto social. Y no solamente en la sociedad moderna, siempre ha sido así. Incluso en los tiempos antiguos, cuando un buscador se retiraba al bosque, estaba ansioso, estaba preocupado, al principio estaba deprimido. La diferencia no está en la mente; la diferencia está en la paciencia. La mente sigue siendo igual, moderna o antigua, pero en los tiempos antiguos, la gente era más paciente, podía esperar. Tú no eres paciente; ese es el problema. Ellos no eran conscientes del tiempo y tú eres consciente del tiempo.

En la Antigüedad, en el mundo antiguo —especialmente en Oriente—, no había consciencia del tiempo. Por eso, los relojes de pulsera y de pared no se inventaron en Oriente. Había más posibilidades de que se inventaran en China que en India, porque ellos habían hecho muchas cosas y era posible que inventaran los relojes, para medir el tiempo. Pero no estaban interesados en el tiempo. La mente moderna está demasiado interesada en el tiempo. ¿Por qué? Eso es parte de la influencia cristiana en el mundo. Con el cristianismo y el islam, entró en el mundo la consciencia del tiempo. Hay razones para ello.

En Oriente, siempre se ha creído que la vida dura eternamente. Es eterna, está fuera del tiempo; así que no hay prisa; estarás aquí una y otra vez. Has estado aquí millones de veces y volverás a estar aquí millones de veces, no hay prisa. Esta vida no es la primera ni la última, es una larga procesión y tú siempre estás en el medio; no hay principio ni final.

Así que no puede haber prisa por el tiempo; hay suficiente tiempo disponible, más que suficiente.

En el cristianismo, solamente hay una vida; esta es la primera y la última. Una vez que te mueres, ya no tienes ningún tiempo; así que tienes un tiempo de vida de setenta años como máximo. Hay tanto que hacer, y tan poco tiempo. Esa es la razón por la que en Occidente hay tanta prisa; todo el mundo está corriendo, porque la vida se está yendo. Cada momento la vida se está haciendo más y más corta. El tiempo está pasando, te estás muriendo, tienes muchos deseos que satisfacer y no hay tiempo para satisfacerlos, así que se crea la ansiedad.

En Oriente, era completamente diferente. En una de las escrituras tibetanas se dice que incluso si tienes prisa, ve despacio; aunque tengas prisa, ve despacio. Se dice que si corres, nunca llegarás; si te sientas, puedes llegar, pero si corres, no lo conseguirás. Una procesión eterna, muchas vidas, millones de vidas, suficiente tiempo; la paciencia era posible. En Occidente, solo hay una vida, y a cada momento la vida se está transformando en muerte; no se satisface nada, no se cumple ningún deseo, todo queda incompleto; ¿cómo vas a poder ser paciente? ¿Cómo vas a poder esperar? Esperar se ha vuelto imposible. Con la idea de una vida, y con una concepción del tiempo lineal, el cristianismo ha creado la ansiedad en la mente; y ahora el cristianismo se ha convertido en una influencia global.

El cristianismo dice que el tiempo no se mueve en círculo, sino en línea recta. Nada se repetirá de nuevo, así que todo es único. Cada evento sucede una vez y nada más, no puede repetirse. No es un círculo; no es como una rueda de carro que se mueve, donde cada radio volverá de nuevo, donde una y otra vez se repetirá el mismo radio.

En Oriente, el tiempo es un concepto circular; se mueve en círculo exactamente igual que las estaciones. Viene el verano y luego volverá a venir; siempre ha sido así y siempre lo será. Y el concepto oriental está más cerca de la verdad que el concepto occidental, porque todo movimiento es en círculo. La tierra se mueve en círculos, el sol se mueve en círculos, las estrellas se mueven en círculos, la vida se mueve en círculos; todo movimiento es circular. Así que el tiempo no puede ser una excepción; si el tiempo se mueve, se mueve en círculos. El concepto lineal del tiempo es absolutamente erróneo.

Por eso, en Oriente, nunca nos ha interesado la historia. Nos han interesado los mitos, pero nunca la historia. La historia fue introducida en el mundo por Occidente. Por eso, Jesús se convirtió en el centro de la historia, en el principio del calendario. Seguimos midiendo el tiempo con «antes de Cristo» y «después de Cristo». Cristo se convirtió en el centro de toda la historia, la primera persona histórica.

Buda no es histórico, Krishna no lo es en absoluto; nunca podrás estar seguro de si Krishna existió o no, si todo fue tan solo una fábula o verdadera historia. Pero Oriente nunca se ha preocupado por ello. Ellos dicen que todo es una fábula, que ha sido contada muchas veces y será contada una y otra vez. No hace falta preocuparse por los hechos, porque los hechos son repetitivos. Es mejor preocuparse por el tema, no por los hechos. Así que quizá no puedas comprender muchas cosas...

Se cuenta que antes de que Rama naciera, uno de los avatares de India, Valmiki, escribió su historia; ¡antes de que naciera! Es imposible. ¿Cómo puedes escribir la historia de un hombre que todavía no ha nacido? Pero la escribió antes, y luego Rama tuvo que seguir esa historia, todo lo que Valmiki había dicho. ¿Cómo ocurrió esto? Parece misterioso, pero no lo es en absoluto si tienes en cuenta el concepto oriental del tiempo.

Valmiki dijo: «Yo conozco a Rama, porque ha nacido antes en muchas épocas; conozco el tema. Así que creo la historia porque conozco el tema, sé lo esencial. Lo que no sea esencial, me lo inventaré».

Y Rama debe haber pensado: «¿Por qué contradecir a Valmiki? ¿Por qué contradecir a ese viejo? Síguelo». Y lo siguió.

Oriente vive en el mito; mito significa un tema repetitivo, lo esencial siempre está ahí. En Occidente, los mitos no tienen importancia. Si se puede demostrar que algo es un mito, pierde importancia. Hay que demostrar que es historia, que ha ocurrido en el tiempo; hay que ser exacto acerca de ello.

Este concepto lineal de vida no repetitiva produce ansiedad, así que cuando entras en el silencio, en la soledad, te preocupas. Algo te está diciendo: el tiempo se desperdicia. No estás haciendo nada; simplemente, estás sentado. ¿Por qué estás desperdiciando tu vida? Además, este tiempo no puede ser recuperado, porque en Occidente se sigue enseñando que «el tiempo es oro». Eso es absolutamente erróneo, porque la riqueza se crea por la escasez, y el tiempo no es escaso. Toda la economía depende de la escasez: si algo escasea, se vuelve valioso. El tiempo no es escaso, siempre hay. No puedes acabarlo; siempre habrá; así que el tiempo no puede ser económico. No es escaso; no puede ser riqueza.

Pero seguimos enseñando: «El tiempo es oro; no lo malgastes. Una vez que lo has malgastado, nunca vuelve de nuevo». Así que si entras en soledad y te sientas, no puedes quedarte sentado durante tres años. No puedes quedarte sentado durante tres meses, incluso tres días sería demasiado; habrías malgastado tres días.

¿Y qué estás haciendo? Surge el segundo problema —porque en Occidente, el ser no está muy valorado, hacer está valorado. Te preguntan: «¿Qué has hecho?»—, porque el tiempo tiene que aprovecharse para hacer algo. En Occidente, dicen que una mente vacía es el taller del diablo. Y tú lo sabes, tu mente también lo sabe, así que cuando estás sentado solo, te da miedo. Estoy malgastando el tiempo, no estoy haciendo nada, sigues cuestionándote a ti mismo: «¿Qué estás haciendo aquí? ¿Solo sentarte? ¿Malgastando el tiempo?»; ¡como si simplemente *ser* fuera un desperdicio! Tienes que *hacer* algo para demostrar que has aprovechado tu tiempo. Esa es la diferencia.

En la Antigüedad, particularmente en Oriente, era suficiente *ser* simplemente; no hacía falta demostrar nada más. Nadie te preguntaba: «¿Qué has hecho?». Tu *ser* era suficiente, y aceptado. Si estabas en silencio, en paz, bendito, estaba bien. Por eso, en Oriente, nunca hemos exigido que los *sannyasin* trabajaran; no, no hacía falta. Y, además, siempre hemos pensado que los *sannyasin*, aquellos que han abandonado todo trabajo, eran mejores que aquellos que estaban ocupados en un trabajo.

Esto no puede suceder en Occidente. Si no estás trabajando, eres un vagabundo, un vago. Los hippies son un fenómeno reciente, pero Oriente siempre ha tenido una tendencia hippie. ¡Hemos creado los mejores hippies del mundo! Un Buda, un Mahavira, que no hacían nada, simplemente estaban sentados y meditando, disfrutando de su ser, simplemente siendo benditos tal como son, sin hacer nada. Pero nosotros los respetábamos; ellos eran lo supremo, lo más elevado, lo más respetable. Buda mendigaba, pero incluso reyes vinieron a inclinarse a sus pies.

Una vez ocurrió que Buda estaba pasando por un pueblo y el primer ministro del rey de esa localidad le dijo al rey: «Buda está llegando, así que tendremos que recibirlo, tocar sus pies y presentarle nuestros respetos».

El rey dijo: «¿Pero es necesario con un mendigo? Él no es más que un mendigo, y yo soy un gran rey. ¿Por qué debería ir a presentarle mis respetos e inclinarme ante él? Si él quiere verme, puede venir y pedir una audiencia conmigo».

El primer ministro, que era un hombre sabio, inmediatamente presentó su dimisión. Le dijo: «Si ese es el caso, no puedo seguir aquí ni un minuto más».

El rey se preocupó, porque este hombre era demasiado valioso para perderlo, así que le preguntó: «¿Pero por qué?».

El anciano dijo: «Esto es completamente erróneo. Puede que vos seáis un gran rey, puede que os convirtáis en emperador de toda la Tierra, pero no podéis llegar a ser más grande que Buda. Él ha abandonado todos los reinos, y vos todavía estáis obsesionados con la abundancia, la riqueza, el prestigio, el poder. Él ha abandonado todo eso, no tiene nada; solo una persona que no tiene nada puede ser elevada, porque no desea. Vos tendréis que ir a presentarle vuestros respetos; de no ser así, aceptad mi dimisión. No puedo permanecer en este lugar profano ni un solo momento». El rey tuvo que ir.

Oriente era completamente diferente; había un ambiente diferente. El ser era respetado. No se preguntaba: «¿Qué has hecho?». Se preguntaba: «¿Qué eres?». ¡Suficiente! Si estabas en silencio, en paz, si eras amoroso, si tenías compasión, si habías florecido, era suficiente. Entonces, era deber de la sociedad ayudarte y servirte. Nadie te decía que tenías que trabajar, o que debías crear algo, que debías ser creativo. En Oriente, se ha enseñado que ser uno mismo es la más elevada creatividad, y la presencia de un hombre así era valorada. Podía entrar en silencio durante años.

Mahavira estuvo en silencio durante doce años. No hablaba, no entraba en los pueblos, no veía a nadie. Y cuando empezó a hablar, alguien le preguntó: «¿Por qué no hablabas antes?».

Él contestó: «Hablar solo es valioso cuando has alcanzado el silencio; de otra forma es fútil; y no solo fútil, además es peligroso, porque estás metiendo basura en la cabeza de los demás. Por eso, mi compromiso era que solo hablaría cuando la conversación interior se hubiera acabado por completo. Cuando la conversación interior hubiera desaparecido, y solo entonces, hablaría yo. Entonces, no es una enfermedad».

Y ellos podían esperar, porque Oriente cree en la reencarnación. Podían esperar. Hay historias que cuentan que un discípulo se acercaba a un maestro y esperaba durante treinta años; no preguntaba nada, sino que esperaba a que el maestro le preguntara: «¿Para qué has venido?». Treinta años es demasiado (una vida desperdiciada por completo), pero esperar durante treinta años, había hecho el trabajo.

Hay occidentales que se acercan a mí y me dicen: «Nos vamos esta misma tarde, así que danos alguna clave. ¿Cómo podemos quedarnos en silencio? Pero no tenemos tiempo para quedarnos; nos tenemos que ir». Están pensando en términos que les son familiares —café instantáneo—, así que creen que debe haber alguna meditación instantánea, una clave que yo les puedo pasar y se acabó. No, no hay ninguna clave. Se trata de un largo esfuerzo, de una profunda paciencia. Y cuanta más prisa tengas, más tiempo necesitarás. Así que recuerda esto: si no tienes prisa puede suceder en este mismo momento. Cuando no tienes prisa, aparece la cualidad correcta de la mente, aparece el silencio.

Te contaré una historia. Una vez ocurrió que dos monjes iban viajando. Cruzaron un río en una barca, y el barquero les dijo: «¿A dónde van? Si van a la ciudad que hay más allá de este valle, vayan despacio».

Pero el monje viejo dijo: «Si vamos despacio nunca llegaremos, porque hemos oído que las puertas de esa ciudad se cierran después del atardecer; solo tenemos una o dos horas como mucho, y hay una gran distancia. Si vamos despacio, nunca llegaremos y tendremos que esperar fuera de la ciudad. Además, el exterior de la ciudad es peligroso —hay animales salvajes por todas partes—, así que tendremos que darnos prisa».

El barquero les dijo: «Está bien, pero según mi experiencia, aquellos que van despacio, llegan».

El otro monje escuchó eso. Era un hombre joven y pensó: «No conozco esta parte del país y puede que este barquero tenga razón, así que será mejor seguir su consejo». Así que caminó lentamente, relajadamente, como si no fuera a ninguna parte, sin prisas, dando un paseo.

El viejo se apresuró; empezó a correr. Llevaba muchas escrituras a sus espaldas. Así que se cayó: iba tan cansado, cargando peso, viejo, con tal prisa, tan tenso, que se cayó. El hombre que no tenía prisa simplemente caminó y llegó.

El barquero los estaba siguiendo y se acercó al viejo. Estaba tumbado a un lado del camino; su pierna estaba rota y sangraba. El barquero le dijo: «Ya te había dicho que siempre ha sido así: aquellos que caminan despacio, llegan; aquellos que tienen prisa, siempre se las arreglan para tropezar en un lugar u otro. Estos lugares son peligrosos. El camino es difícil y tú eres un hombre viejo. Te lo había avisado, pero tú no me hiciste caso».

Esta es una de las historias del zen coreano, y eso es lo que pasa en la vida. Ve despacio, con paciencia, sin prisas, porque la meta no está en ningún otro lugar, está dentro de ti. Cuando no tengas prisa, la sentirás; cuando tienes prisa, no puedes sentirla, porque estás demasiado tenso. Si no vas a ninguna parte, puedes sentirla inmediatamente.

En Japón, a la meditación la llaman *zazen*. Zazen significa simplemente sentarse sin hacer nada. Así que los sacerdotes zen, los monjes, tienen que sentarse durante seis horas diarias e incluso más; el maestro nunca les da nada que hacer, simplemente tienen que sentarse. Se han entrenado para sentarse solamente, sin pedir ni hacer nada, ni siquiera un mantra, solamente sentarse.

Es muy duro. Parece fácil, pero es muy duro, porque la mente pide algún trabajo, algo que hacer.

La mente continúa diciendo: «¿Por qué? ¿Por qué malgastar el tiempo? ¿Por qué seguir solamente sentado? ¿Qué va a ocurrir estando simplemente sentado?». Pero durante tres años, o incluso más, el buscador se sienta. Luego, poco a poco, la mente deja de preguntar. Ahora es inútil, tú no la escuchas. Se ha enfadado contigo, así que la mente deja de preguntar. Poco a poco, cuando la mente no está preguntando, empiezas a ser consciente de una nueva fuerza de la vida dentro de ti que siempre había estado ahí, pero como tú estabas tan ocupado, no podías oír, no podías sentir. Al estar desocupado, empiezas a sentirla.

La mente siempre ha estado creando problemas y soledad. Entra en la soledad por lo menos durante tres meses, y decide de antemano que, ocurra lo que ocurra, no escucharás a la mente. Decide de antemano que estás dispuesto a desperdiciar tres meses, así que no hay necesidad de pensar una y otra vez que estás perdiendo el tiempo. Has decidido que vas a desperdiciar tres meses, y que no vas a hacer nada; simplemente, te sentarás y esperarás. Es posible que ocurra un milagro.

Solo en tres meses, un día de repente, te volverás consciente de tu ser. Cuando no hay acción, te haces consciente del ser. Cuando hay demasiada acción, olvidas el ser que está oculto detrás.

diez

LA MENTE PIENSA, LA MEDITACIÓN SABE

La mente y la meditación no pueden coexistir. No hay forma de tenerlas a ambas. O puedes tener mente o puedes tener meditación, porque la mente es pensamiento y la meditación es silencio. La mente es buscar la puerta a tientas en la oscuridad. La meditación es ver. No surge la cuestión de ir a tientas; ella sabe dónde está la puerta.

La mente piensa. La meditación sabe.

Esta es la razón fundamental por la que el hombre no puede volverse meditativo; por la que muy pocos hombres se han atrevido a volverse meditativos. Nuestra formación es de la mente. Nuestra educación es para la mente. Nuestras ambiciones, nuestros deseos, solo pueden ser satisfechos por la mente. Para llegar a ser presidente de un país, primer ministro, no tienes que ser meditativo, sino cultivar una mente muy astuta. Toda la educación es conducida por tus padres, por tu sociedad, para que puedas satisfacer tus deseos, tus ambiciones. Tú quieres llegar a ser alguien. La meditación solo puede convertirte en un nadie.

¿Quién quiere llegar a ser un nadie?

Todo el mundo quiere estar más alto en la escalera de las ambiciones. La gente sacrifica toda su vida para llegar a ser alguien.

Alejandro estaba llegando a India. Una locura había entrado en su mente: quería conquistar el mundo entero. Todo el mundo tiene un poco de esa locura, pero él la tenía toda. Y cuando estaba llegando a India, pasando las fronteras de Grecia, alguien le dijo: «Tú has preguntando muchas veces por un místico, un hombre muy extraño, Diógenes. Él vive cerca. Si quieres verlo, está a un paso de aquí, justo al lado del río».

Diógenes ciertamente era un tipo de hombre muy extraño. De hecho, si eres un hombre, siempre serás un tipo extraño de hombre, porque serás algo único. Él vivía desnudo... era uno de los hombres más hermosos que pudiera haber. Pero siempre solía llevar en la mano una lámpara encendida; noche y día, no había ninguna diferencia. Incluso durante el día, a plena luz del sol, cuando caminaba por las calles, llevaba la lámpara. La gente solía reírse de él, y solía preguntarle: «¿Para qué llevas esa lámpara, gastando aceite innecesariamente y haciendo el ridículo?».

Y Diógenes solía contestar: «Tengo que llevarla, porque estoy buscando al hombre auténtico, real. Todavía no me he encontrado con él. Me he encontrado con personas, pero todas llevan máscaras, todas son hipócritas».

Diógenes tenía un gran sentido del humor. Para mí, esa es una de las más importantes cualidades de un hombre genuinamente religioso. Cuando se estaba muriendo, todavía tenía la lámpara a su lado. Alguien le preguntó: «Te estás muriendo. Háblanos del hombre que estabas buscando. Tu vida se está acabando; ¿has conseguido encontrar al hombre auténtico?».

Él estaba casi al borde de la muerte, pero abrió los ojos y dijo: «No, no he podido encontrar un hombre auténtico. Pero estoy feliz porque todavía nadie me ha robado la lámpara; porque hay ladrones, criminales, toda clase de gentuza, por todas partes, y yo voy desnudo, soy un hombre desprotegido. Esto me da una gran esperanza: durante toda mi vida, he llevado la lámpara y nadie me la ha robado todavía. Esto me da la gran esperanza de que algún día nazca el hombre que he estado buscando; quizá yo haya venido demasiado pronto». Y murió.

Se habían contado muchas cosas acerca de él, que Alejandro había escuchado y disfrutado. Dijo: «Me gustaría encontrarme con él». Era por la mañana temprano, el sol estaba apareciendo. Diógenes estaba tumbado sobre una playa de arena en el río, tomando el sol. Alejandro se sintió un tanto molesto, porque Diógenes estaba desnudo. También se sintió incómodo, porque era la primera vez que alguien continuaba tumbado delante de él: «Quizá el hombre no sepa quién soy yo».

Así que dijo: «Quizá no te des cuenta de la persona que ha venido a verte». Diógenes se rio.

También tenía un perro. Esa era su única compañía. Cuando le preguntaron por qué hizo a un perro su amigo, él contestó: «Porque no conozco a ningún hombre que sea digno de ser un amigo». Miró al perro que estaba a su lado y le dijo: «Escucha lo que ese estúpido hombre está diciendo. Está diciendo que yo no sé quién es él. ¿Qué hacer con esta clase de idiotas? Dime».

Sorprendente... pero es un hecho. Todavía Alejandro intentó entablar algo de conversación. Dejó pasar el insulto. Dijo: «Soy Alejandro Magno».

«Dios mío —dijo Diógenes mirando al perro—. ¿Has oído? Este hombre cree ser el hombre más grande del mundo. Y ese es un signo seguro del complejo de inferioridad. Sólo la gente que sufre de inferioridad pretende ser grande; cuanto mayor sea la inferioridad, más empiezan a proyectarse a sí mismos como más elevados, más grandes, más importantes».

Pero dirigiéndose a Alejandro, dijo: «¿Qué sentido tiene que hayas venido a verme? Un hombre pobre, un don nadie que vive desnudo, cuya única posesión es una lámpara, cuyo único compañero en todo el mundo es un perro... ¿Para qué has venido aquí?».

Alejandro contestó: «He oído muchos relatos acerca de ti, y ahora puedo ver que todas esas historias tenían que ser verdad; ciertamente, eres un hombre extraño, pero en cierto sentido, inmensamente bello.

Yo voy a conquistar el mundo, y he oído que vivías aquí cerca. No pude resistir la tentación de venir a verte».

Diógenes dijo: «Ya me has visto. Ahora no pierdas el tiempo, porque la vida es corta y el mundo es grande; puede que mueras antes de conquistarlo. Y has considerado alguna vez... si consigues conquistar este mundo, ¿qué será lo siguiente que hagas?; porque no hay más mundo que este mundo. Parecerás simplemente estúpido. Y puedo preguntarte: ¿por qué molestarse tanto en conquistar el mundo? Tú me llamas extraño a mí, que simplemente estoy tomando el sol. ¿Y tú no crees que tú mismo eres extraño, tan estúpidamente extraño que vas de camino a conquistar el mundo? ¿Para qué? ¿Qué harás cuando hayas conquistado el mundo?».

Alejandro contestó: «Para ser franco contigo, nunca se me había ocurrido. Quizá cuando haya conquistado el mundo, me relaje y descanse».

Diógenes se volvió hacia el perro y dijo: «¿Has oído? Este hombre está loco. Me está viendo a mí relajándome, descansando, ¡sin conquistar nada! Y él se relajará cuando haya conquistado el mundo».

Alejandro se sintió avergonzado. Era verdad, estaba claro, claro como el agua; si quieres descansar y relajarte, puedes descansar y relajarte ahora. ¿Por qué posponerlo para mañana? Y además, lo estás posponiendo para un tiempo indeterminado. Y mientras tanto, tendrás que conquistar el mundo, como si conquistar el mundo fuera un paso necesario para estar relajado y encontrar una vida descansada.

Alejandro dijo: «Puedo comprender... Ante ti parezco estúpido. ¿Puedo hacer algo por ti? Realmente, me he enamorado de ti. He visto grandes reyes, grandes generales, pero nunca he visto un hombre con tanto valor como tú, que ni siquiera se ha movido, que ni siquiera ha dicho "Buenos días". Que no solo no se ha preocupado por mí, sino que, además, ¡continúa hablando con su perro! Puedo hacer cualquier cosa, porque el mundo entero está en mis manos. Tú simplemente dilo, y yo lo haré por ti».

Diógenes replicó: «¿De verdad? Entonces haz una cosa: apártate un poco a un lado, me estás tapando el sol. Estoy tomando el sol, y tú ni siquiera tienes modales».

Alejandro lo recordó constantemente, durante toda su expedición hacia India. Ese hombre lo había cautivado; el que no le pidiera nada. Alejandro pudo haberle dado el mundo entero simplemente con que se lo hubiera pedido, pero solo le pidió que se moviera un poquito a un lado porque estaba impidiendo que el sol llegara a su cuerpo.

Y cuando se marchaba, Diógenes le dijo: «Tan solo recuerda dos cosas, tómalo como un regalo de Diógenes: una, que nunca antes nadie ha conquistado el mundo. Algo queda siempre sin conquistar; porque el mundo es multidimensional; no puedes conquistarlo en todas sus dimensiones con una vida tan corta. Por eso, todos aquellos que han salido a conquistar el mundo han muerto frustrados.

»En segundo lugar, nunca regresarás a casa. Porque así es como la ambición te va llevando más y más lejos; te va diciendo: "Tan solo unas cuantas millas más. Unas cuantas millas más y habrás conseguido la ambición de tu corazón". Las personas van cazando alucinaciones, y la vida se les va escurriendo entre los dedos. Solo recuerda estas dos cosas como regalo de un hombre pobre, un don nadie».

Alejandro le dio las gracias; aunque la mañana era fresca, estaba transpirando. Ese hombre era tal... cada cosa que decía te hacía transpirar incluso a la fresca brisa de una fría mañana, porque acertaba exactamente en las heridas que intentabas ocultar.

Alejandro nunca llegó a conquistar el mundo entero. No pudo llegar hasta el final de India; no alcanzó Japón, China, ni por supuesto Australia y América, que no se conocían. Regresó desde Punjab. Tenía solo treinta y tres años, pero la ambición y la constante batalla lo hacían parecer mucho más viejo y cansado, como un cartucho vacío. Tenía solo treinta y tres años, estaba en la flor de la juventud, pero en su mundo interior se había hecho viejo y estaba listo para morir. De algún modo, quizá en la muerte habría descanso.

Y la sombra de Diógenes siempre lo siguió: «No podrás conquistar el mundo entero». Regresó, y antes de llegar a Atenas, su capital, tan solo a veinticuatro horas...

Algunas veces pequeños incidentes se vuelven muy simbólicos y significativos. Tan solo veinticuatro horas más y por lo menos habría regresado a su capital, su hogar; no al verdadero hogar al que se refería Diógenes, pero por lo menos a la casa en la que todos intentamos hacer un hogar.

El hogar está dentro. Fuera solo hay casas. Pero ni siquiera pudo alcanzar la casa exterior. Murió veinticuatro horas antes de llegar a Atenas.

Una extraña coincidencia: el día en que Alejandro murió, también murió Diógenes. En la mitología griega, como en muchas otras mitologías... en la mitología india, sucede lo mismo: antes de entrar en el mundo, tienes que cruzar un río, el Vaitarani. En la mitología griega, también tienes que cruzar un río; ese río es la línea divisoria entre este mundo y el otro.

Hasta ahora, todo lo que he dicho son hechos históricos. Pero después de la muerte de Alejandro y de Diógenes, esta fábula se hizo corriente en toda Grecia. Es muy significativa. No puede ser histórica, pero está muy cerca de la verdad. No está basada en hechos reales.

Esa es la diferencia que yo hago entre los hechos y la verdad: una cosa puede ser factual, y aun así no ser verdad; una cosa puede ser no factual, y aun así ser verdad. Una fábula puede ser tan solo un mito, no historia, pero tiene una enorme importancia porque indica la dirección de la verdad.

Se dice que Diógenes murió cinco minutos después de que muriera Alejandro. Se encontraron al cruzar el río; Alejandro iba delante, Diógenes venía detrás. Al oír ruido, Alejandro miró hacia atrás. Fue un encuentro incluso más embarazoso que el primero, porque por lo menos la otra vez Alejandro no estaba desnudo; esta vez también él estaba desnudo.

La gente intenta racionalizar, intenta ocultar su desconcierto. Así que solo para ocultar su desconcierto, dijo: «Hola, Diógenes. Quizá esta sea la primera vez en la historia de la existencia que un gran emperador y un mendigo desnudo cruzan el río juntos».

Diógenes contestó: «Lo es, pero no tienes claro quién es el emperador y quién el mendigo. El emperador está detrás del mendigo. Tú has desperdiciado tu vida; ¡todavía eres testarudo! ¿Dónde está tu imperio? Yo no he perdido nada porque no tenía nada, solo una lámpara. E incluso a ella la encontré a un lado del camino —no sé de quién es—, y al lado del camino, la he dejado. Entré en el mundo desnudo y vengo del mundo desnudo».

Eso es lo que dice Kabir en una de sus canciones: «Jyon ki tion dhari dinhin chadariya. Kabira jatan se odhi chadariya»: «He utilizado la ropa de la vida con tanto cuidado y tal consciencia que le he devuelto a Dios su regalo exactamente igual a como me fue dado».

Toda la sociedad —tus padres, tus profesores, tus líderes, tus sacerdotes—, todos, quieren que te conviertas en alguien especial, en un Alejandro. Pero si quieres ser meditativo, estarán en contra de ti, porque la meditación significa que le estás dando la espalda a todas las ambiciones.

Yo era estudiante en la universidad. El jefe de mi departamento estaba muy preocupado por mis exámenes; me decía: «He enseñado en casi una docena de países de todo el mundo, a cientos de estudiantes, pero nunca me he preocupado por sus exámenes. Es algo muy curioso para mi mente; ¿por qué me preocupo tanto por tu examen? Tienes que prometerme que llegarás a la sala de exámenes a tiempo».

Yo le contestaba: «Eso no forma parte de su trabajo. Su parte es enseñarme. Es asunto mío preocuparme o no de los exámenes. Si puedo arreglármelas, llegaré a tiempo a la sala de exámenes».

Él estaba receloso. El viejo solía quedarse en el automóvil, en el hostal justo en frente de mi habitación, para recogerme y verme entrar en la sala de exámenes. Y luego se iba. Yo le decía: «Se está tomando demasiadas molestias innecesariamente. Su casa está a cuatro millas de aquí. Se tiene que levantar, y usted no se suele levantar temprano».

Él era un borracho. Pero la vida es un misterio. Los no vegetarianos, los bebedores, los jugadores, pueden resultar tan humanos y amorosos que te sorprende. Y por otro lado, los estrictamente vegetarianos... Adolf Hitler era un vegetariano estricto. Nunca fumó, nunca tomó bebida alcohólica alguna, se acostaba temprano, se levantaba temprano; ¡era un santo! Si solo te fijas en su patrón y estilo de vida, era un monje. Y mató a seis millones de personas. Habría sido mejor que hubiera sido un borracho, no vegetariano, fumador crónico, pero una buena persona.

Este viejo, mi profesor, no bebió durante esos pocos días. Tenía que levantarse por la mañana temprano para recogerme y obligarme a entrar en la sala de exámenes. Toda la universidad lo sabía; todos pensaban: «Aquí hay algo extraño». Yo decía: «No hay nada extraño. Él me ama. Me ama como a un hijo y quiere que sea alguien en la vida. Ese es el problema: ese amor está creando el problema. Él tiene miedo de que yo sea demasiado despreocupado como para ser alguien en el mundo».

Solía instruir al examinador: «Vigila que no se marche cuando yo me haya ido; porque no puedo esperar fuera tres horas innecesariamente. Vigílalo y no lo dejes ir. Y mira a ver si está escribiendo o está haciendo alguna otra cosa».

Algunas veces acababa el examen en dos horas, pero el examinador no me dejaba salir. Decía: «Tu profesor me torturaría. Tú simplemente siéntate aquí, haz lo que quieras. O repasa las respuestas que has escrito; quizá las puedas mejorar».

Yo decía: «Esto es extraño. He acabado con las respuestas, se me debería permitir marcharme, a todos los demás se les permite».

Él me contestaba: «A todos los demás se les permite, ¡pero a nadie más se le trae aquí todos los días como a un prisionero!».

Y después del examen, el profesor me preguntaba —cada día con el cuestionario en la mano—: «¿Qué has escrito acerca de esto?». Solo para consolarlo le decía cosas que no había escrito en absoluto; y él lo sabía. Yo sabía que él lo sabía porque entonces él era el decano de profesores, así que miraba mis trabajos. Antes de preguntarme, ya había visto lo que había escrito. Y ahora yo le estaba contestando de acuerdo a los libros de texto, aunque lo que había escrito era de acuerdo a mí mismo.

Pero no me podía decir: «He mirado»; porque eso es ilegal. Así que me decía: «Tú sabes; yo sé»...

Yo le contestaba: «¿Qué le vamos a hacer? Usted no debería hacer nada ilegal, y si es sorprendido haciendo algo ilegal, yo sería el primero que se lo contaría al rector».

Él respondía: «Pero estas no son las respuestas que has escrito. ¿Quieres ser un don nadie durante toda tu vida? Eso me duele. Tienes talento, tienes el genio, puedes llegar a ser todo lo que te propongas».

Yo decía: «Yo no quiero utilizar mi talento y mi genio para llegar a ser alguien. Yo simplemente quiero relajarme en mí mismo y ser yo mismo, un anónimo, porque mi decisión va en favor de la meditación, no en favor de la mente. Todo lo que usted diga pertenece a la mente; y yo tengo que usar la mente, pero cuanto más uses la mente, más lejos de ti mismo te llevará».

Esta es la razón por la que el hombre no es meditativo: toda la sociedad lo obliga a estar en la mente, no en un estado de meditación.

Imagínate un mundo donde la gente fuera meditativa. Sería un mundo simple, pero tremendamente hermoso. Sería silencioso. No habría crímenes, no habría juzgados, no habría ninguna clase de políticos. Sería una amorosa hermandad, una vasta comuna de personas absolutamente satisfechas con ellas mismas, completamente contentas con ellas mismas. Ni siquiera Alejandro Magno podría hacerles un regalo.

Si estás corriendo para conseguir algo fuera de ti mismo, tienes que estar al servicio de la mente. Si abandonas todas las ambiciones y te interesas más por tu florecimiento interior, si te interesas más por tu savia interna, para que pueda fluir y alcanzar a los otros, si te interesas más por el amor, la compasión, la paz... entonces el hombre será meditativo.

once

LA PSICOLOGÍA DE LOS BUDAS

SIGMUND FREUD INTRODUJO EL PSICOANÁLISIS EN EL MUNDO. Se basa en analizar la mente. Está confinado a la mente. No se sale de la mente, ni una pulgada siquiera. Por el contrario, profundiza en la mente, en las capas ocultas de la mente, en el inconsciente, para encontrar formas y medios a través de los cuales la mente del hombre por lo menos pueda ser normal. La meta del psicoanálisis freudiano no es muy elevada.

La meta es mantener a la gente normal. Pero la normalidad no es suficiente. Ser simplemente normal no tiene ninguna importancia. Significa la rutina normal de la vida y tu capacidad para soportarla. No te da significado, no te da importancia. No te da una visión de la realidad de las cosas. No te lleva más allá del tiempo, más allá de la muerte. Como mucho, es un mecanismo útil para aquellos que se han vuelto tan anormales que les es imposible soportar su vida cotidiana; que no pueden vivir con la gente, que no pueden trabajar, que se han quedado encerrados. La psicoterapia les proporciona cierto equilibrio; no integridad, no te vayas a creer, sino tan solo un cierto equilibrio. Los empaqueta. Continúan estando fragmentados. Nada se cristaliza en ellos, no nace un alma. No se vuelven felices, tan solo se sienten menos infelices, menos desgraciados.

La psicología les ayuda a aceptar la desgracia. Les ayuda a aceptar que eso es lo único que la vida puede darte, así que no pidas más. En cierto modo, es peligroso para su crecimiento interior, porque el crecimiento interior solo ocurre cuando existe un descontento divino. Cuando estás absolutamente insatisfecho con las cosas tal como son, y solo entonces, entras en una búsqueda, solo entonces empiezas a elevarte más, solo entonces te esfuerzas para salirte del lodo.

Jung llegó un poco más lejos en el inconsciente. Pasó al inconsciente colectivo. Eso es meterse cada vez más en terreno fangoso, y no será de ninguna ayuda.

Assagioli se fue al otro extremo. Viendo el fracaso del psicoanálisis, inventó la psicosíntesis. Pero se basa en la misma idea. En vez de enfatizar el análisis, él enfatiza la síntesis.

La psicología de los budas no es ni un análisis ni una síntesis; es trascendencia, es ir más allá de la mente, no es trabajar dentro de la mente, es trabajo que te saca fuera de la mente. Ese es exactamente el significado de la palabra «éxtasis»: estar fuera.

Cuando eres capaz de salirte de tu propia mente, cuando eres capaz de crear una distancia entre tu mente y tu ser, has dado el primer paso en la psicología de los budas. Y entonces, ocurre un milagro: cuando te sales de la mente, todos los problemas de la mente desaparecen, porque la propia mente desaparece; pierde su agarre en ti.

El psicoanálisis es como podar las hojas de un árbol, pero volverán a salir nuevas hojas. No es cortar desde las raíces. Y la psicosíntesis es volver a poner en el árbol las hojas caídas. Tampoco eso les dará vida. Simplemente, se verán feas; no estarán vivas, no estarán verdes; no serán parte del árbol, sino que estarán pegadas de algún modo.

La psicología de los budas corta desde las mismas raíces del árbol que crea toda clase de neurosis, psicosis, que crea al hombre fragmentado, al hombre mecánico, al hombre que es como un robot. Y la manera es sencilla...

El psicoanálisis lleva años, y aun así el hombre sigue igual. Es una renovación de la vieja estructura, es poner un parche aquí y otro allá, una lavada de cara a toda la casa. Pero es la misma casa, nada ha cambiado radicalmente. No ha transformado la consciencia del hombre.

La psicología de los budas no trabaja con la mente. No tiene interés en analizar o en sintetizar. Simplemente te ayuda a salir de la mente para que puedas echar un vistazo desde afuera. Y el propio vistazo es una transformación. En cuanto puedes mirar tu mente como un objeto y desligarte de ella, te desidentificas de ella; se crea una distancia y las raíces se cortan.

¿Por qué se cortan las raíces de esta forma? Porque eres tú quien alimenta a la mente; si tú no te identificas con ella, dejas de alimentarla. Cae muerta por su propio peso.

Hay una preciosa historia. A mí me encanta...

Un día, Buda estaba pasando por un bosque. Era un caluroso día de verano y Buda tenía sed. Le dijo a Ananda, su discípulo principal: «Ananda, regresa. Tan solo tres o cuatro millas atrás hemos pasado una pequeña corriente de agua. Tráeme un poco de agua; toma mi escudilla de mendicante. Me siento muy cansado y tengo mucha sed». Había envejecido.

Ananda regresó, pero cuando llegó al arroyo, unas carretas acababan de pasar y habían dejado el agua muy turbia. Se habían removido las hojas que había en el fondo; ya no era posible beber esa agua; estaba demasiado sucia. Regresó con las manos vacías, y dijo: «Tendrás que esperar un poco. Iré más adelante. He oído que tan solo a dos o tres millas de aquí hay un gran río. Traeré agua de allí».

Pero Buda insistió. Dijo: «Regresa y trae agua del mismo arroyo».

Ananda no podía entender la insistencia, pero si el maestro lo dice, el discípulo tiene que obedecer. Aun viendo lo absurdo del asunto —tener que caminar de nuevo tres, cuatro millas, y sabiendo que el agua no se podía beber—, fue.

Cuando se iba, Buda le dijo: «Y no regreses si el agua todavía está sucia, simplemente siéntate en la orilla en silencio. No hagas nada, no te metas en la corriente. Siéntate en silencio en la orilla y observa.

más tarde o más temprano, el agua volverá a estar clara; entonces, llena la escudilla y regresa».

Ananda llegó allí de nuevo. Buda tenía razón: el agua ya estaba casi clara, las hojas se habían separado, el polvo se había posado. Pero todavía no estaba absolutamente clara, así que Ananda se sentó en la orilla, simplemente observando el fluir del río. Poco a poco, se volvió cristalina. Regresó bailando. Entonces, comprendió por qué Buda era tan insistente. Había cierto mensaje en ello para él, y él comprendió el mensaje. Le dio el agua a Buda, le dio las gracias y tocó sus pies.

Buda dijo: «¿Qué estás haciendo? Soy yo quien debería darte las gracias por haberme traído el agua».

Ananda contestó: «Ahora lo comprendo. Al principio, estaba enojado; no me daba cuenta, pero estaba enojado porque era absurdo volver hasta allí. Pero ahora he comprendido el mensaje. Eso es lo que yo en realidad necesitaba en ese momento. Lo mismo ocurre con la mente; sentado en la orilla de ese arroyuelo, me di cuenta de que me pasa lo mismo con la mente. Si salto a la corriente, volveré a ensuciarla. Si salto a la mente, se crea más ruido, empiezan a surgir, a salir a la superficie más problemas. Sentado al lado, aprendí la técnica.

»Ahora también me sentaré al lado de mi mente, observándola con todas sus suciedades, problemas, hojas viejas, golpes, heridas, memorias y deseos. Indiferente, me sentaré a la orilla y esperaré el momento en que todo esté claro».

Y ocurre por sí solo, porque en cuanto te sientas en la orilla de tu mente, dejas de darle energía. Eso es la verdadera meditación. La meditación es el arte de la trascendencia.

Freud habla del psicoanálisis. Assagioli de la síntesis. Buda siempre ha hablado de la meditación, de la consciencia.

¿Cuál es la singularidad de esta tercera psicología? La meditación, la consciencia, la observación, el presenciar: esa es su singularidad. No se necesita ningún psicoanalista. Puedes hacerlo por ti mismo;

de hecho, *tienes* que hacerlo por ti mismo. No se necesitan directrices; es un proceso muy sencillo; sencillo si lo haces; si no lo haces, parece muy complicado. Incluso la palabra «meditación» asusta a muchas personas. Piensan que es algo muy difícil, arduo. Sí, si no lo haces, es difícil y arduo. Es como nadar. Es muy difícil si no sabes, pero si sabes, sabes que es un proceso muy simple. Nada puede ser más sencillo que nadar.

No es un arte en absoluto; es algo espontáneo y natural.

Sé más consciente de tu mente. Y siendo consciente de tu mente, te harás consciente del hecho de que tú no eres la mente, y ese es el comienzo de la revolución. Tú has empezado a fluir cada vez más alto. Ya no estás atado a la mente. La mente funciona como una roca y te mantiene. Te mantiene en el campo de gravedad. En cuanto no estás apegado a la mente, entras en el campo de los budas. Entrar en el campo de los budas significa entrar en el mundo de la levitación. Empiezas a flotar hacia arriba. La mente va tirando de ti hacia abajo.

Así que no se trata de una cuestión de analizar ni sintetizar. Se trata simplemente de volverse consciente. Por eso, en Oriente no hemos desarrollado una psicoterapia como la de Freud, la de Jung o la de Adler; y hoy en día, hay muchas en el mercado. No hemos desarrollado ni una sola psicoterapia porque nosotros sabemos que las psicoterapias no pueden curar. La curación llega cuando ya no estás atado a la mente. Cuando estás desconectado de la mente, desidentificado, absolutamente desligado, cuando el cautiverio se ha acabado, entonces ocurre la sanación.

La trascendencia es la verdadera terapia, y no solo es psicoterapia. No solo es un fenómeno limitado a tu psicología; es mucho más que eso. Es espiritual. Cura tu mismísimo ser.

doce

SER CONSCIENTE DE UNO MISMO; NO ESTAR PENDIENTE DE UNO MISMO

ESTAR PENDIENTE DE UNO MISMO ES UNA ENFERMEDAD. Ser consciente de uno mismo es salud. Así que, ¿cuál es la diferencia? Porque las palabras parecen significar lo mismo. Las palabras pueden significar lo mismo, pero cuando yo las utilizo, no les doy el mismo significado.

En el estar pendiente de uno mismo, el énfasis está en el *uno mismo*. En el estar consciente de uno mismo, el énfasis está en la *consciencia*. Puedes utilizar las mismas palabras, estar pendiente de uno mismo, para ambas. Si el énfasis está en el «uno mismo», es una enfermedad. Si el énfasis está en la «consciencia», es salud. Una diferencia muy sutil, pero muy importante.

Estar pendiente de uno mismo es una enfermedad porque estás constantemente consciente del yo: «¿Qué pensará la gente de mí? ¿Cómo me juzgarán? ¿Cuál es su opinión? Les caigo bien o no, me aceptan o me rechazan, me aman o no». Siempre el «me», el «yo», el ego sigue siendo el centro. Eso es una enfermedad. El ego es la mayor enfermedad que existe.

Y si cambias el foco, el énfasis; si el foco se mueve desde el yo a la consciencia, entonces no te preocupa si la gente te acepta o te rechaza. Cualquiera que sea su opinión, no importa. Entonces quieres ser consciente en cada situación. Te rechacen o te acepten, te amen o te odien, te llamen santo o pecador, eso no importa... Lo que digan, su opinión, eso es asunto suyo y su problema a solucionar por ellos mismos. Tú simplemente estás intentando ser consciente en cada situación.

Alguien viene, se inclina ante ti, cree que tú eres un santo: no te preocupes por lo que diga. Simplemente, permanece alerta, permanece consciente para que no te pueda arrastrar a la inconsciencia, eso es todo. Y alguien viene y te insulta y te tira un zapato viejo a la cabeza, tú no te preocupes por lo que esté haciendo. Tú, simplemente, intenta estar alerta, para permanecer intacto; él no puede arrastrarte a ninguna parte.

En la apreciación o en la condena, en el fracaso o en el éxito, permanece igual. A través de tu consciencia, alcanzarás una tranquilidad que no puede ser molestada de ninguna manera. Te vuelves libre de la opinión de la gente.

Esa es la diferencia entre una persona religiosa y una persona política. Una persona política está pendiente de sí misma; el énfasis está en el yo, siempre preocupado por la opinión de los demás. Depende de la opinión de la gente, de sus votos. Al final, ellos son los jefes y los que deciden. Un hombre religioso es maestro de su propio ser; nadie puede decidir por él. Él no depende de tu voto o de tu opinión. Si vas a él, está bien. Si no vas a él, también está bien. No le crea problemas. Él es él mismo.

Ahora bien, me gustaría decirte una cosa muy paradójica; aunque parezca paradójica, es una verdad muy simple: los que están pendientes de sí mismos —con el énfasis en el yo— no tienen yo. Por eso, están tan pendientes de sí mismos, tienen miedo; cualquiera puede quitarles su yo. Ellos no tienen su yo. Ellos no son maestros. Su yo es prestado, prestado por ti. Si alguien les sonríe, su yo recibe apoyo. Si alguien los insulta, es un puntal que se ha retirado, su estructura se tambalea. Si alguien se enfada, ellos tienen miedo. Si se enfada todo el mundo, ¿dónde se meterían? ¿Quiénes serían ellos? Su identidad se rompería. Si todo el mundo sonríe y dice: «Qué grandes son ustedes», ellos son grandes.

La gente que está pendiente de sí misma, los políticos... y cuando digo los políticos no me refiero solo a aquellos que realmente ejercen en política. Todos aquellos que de algún modo dependen de los demás son políticos. No tienen ningún yo; dentro hay vacío. Siempre tienen miedo de su vacío. Cualquiera puede arrojarlos a su vacío; ¡cualquiera! Incluso un perro que ladra puede arrojarlos a su vacío.

Un hombre que es religioso, consciente de sí mismo —con el énfasis en la consciencia— tiene un yo, un yo auténtico. Tú no le puedes quitar ese yo. Ni puedes dárselo ni puedes quitárselo. Lo ha alcanzado él. Aunque todo el mundo se ponga en su contra, su yo estará con él. Si todo el mundo lo sigue, no le añadirá nada a su yo en ningún sentido, no será aumentado, no. Él verdaderamente tiene alguna realidad auténtica; en él existe un centro.

El hombre político no tiene centro. Él intenta crear un falso centro. Toma algo prestado de ti, algo de otro, y de otro... Así es como se las arregla. Su identidad es una identidad falsa, una composición de las opiniones de muchas personas. Si la gente se olvidara de él, estaría perdido, no estaría en ninguna parte; de hecho, no sería nadie. ¿Te das cuenta? Una persona es presidente; de repente, se convierte en alguien. Luego deja de ser presidente, entonces no es nadie. Entonces, todos los periódicos se olvidan de él. Solo lo recordarán cuando se muera, e incluso eso en una pequeña noticia. Lo recordarán como un ex presidente, no como una persona; como alguien que ha ostentado un cargo. ¿Qué ocurre? El hombre simplemente desaparece. Cuando ostentas el cargo, estás en la portada de todos los periódicos. Tú no eres importante; el cargo es importante.

Por eso, todos aquellos que en el fondo de su interior son pobres siempre están a la búsqueda de una posición, a la búsqueda de los votos, de las opiniones de la gente. Así es como alcanzan un alma; un alma falsa, por supuesto.

Los psicólogos han llegado a la esencia profunda del problema. Dicen que las personas que intentan ser superiores padecen un complejo de inferioridad, y que las personas que realmente son superiores no se preocupan en absoluto. Son tan superiores que ni siquiera se dan cuenta de que lo son. Solo una persona inferior puede darse cuenta de que la otra es superior; y además, es muy susceptible ante este hecho. Con solo insinuarle que «tú no eres tan grande como te crees», se enfadará. Solo un hombre superior puede colocarse detrás como el último hombre. Todos los inferiores están corriendo hacia la primera fila, porque si se ponen detrás, no son nadie. Tienen que ponerse delante. Tienen que vivir en la capital. Tienen que tener mucho dinero. Tienen que ir en un gran automóvil. Tienen que ser esto y aquello. La gente que es inferior siempre intenta mostrar su superioridad a través de sus posesiones.

Déjame resumirlo: las personas que no tienen un *ser* intentan obtenerlo a través de poseer cosas: cargos, nombre, fama.

Incluso algunas veces ocurre: un hombre en América mató a siete personas. No conocía a ninguna de ellas. En el juicio, le preguntaron: «¿Por qué?». Él contestó: «No podía hacerme famoso, así que pensé que por lo menos podía hacerme notorio. Tengo que ser alguien. Y estoy contento de que mi foto salga en la portada de todos los periódicos como asesino. Pueden hacer lo que quieran. Ahora tengo el sentimiento de que soy alguien. Y la sala está preocupada, el gobierno está preocupado, y la gente está preocupada, y los periódicos están hablando de mí; puedo visualizar que en cada hotel, en cada restaurante, en todas partes, la gente estará hablando de mí. Al menos por un día me he hecho famoso, conocido».

Todos los políticos son asesinos. Tú no puedes darte cuenta porque en el fondo tú también eres político. Todos los políticos son asesinos, porque no se preocupan por ti. Se preocupan por sus sentimientos: tienen que ser *alguien*. Si el asesinato puede darles ese sentimiento, entonces ¿por qué no? Si la violencia puede darles ese sentimiento, entonces ¿por qué no?

Leí un libro acerca de Lenin. Alguien lo invitó a escuchar sinfonías de Beethoven. Él dijo no, y lo dijo muy enfáticamente. De hecho, casi se puso agresivo al decirlo. El hombre que lo había invitado no podía creerlo; ¿por qué se había enfadado tanto? Le preguntó: «¿Pero por qué? Las sinfonías de Beethoven están entre las mayores creaciones del mundo». Lenin le contestó: «Puede, pero toda la buena música es contraria a la revolución porque produce un profundo contento, pacifica. Yo estoy en contra de toda música».

Si la gran música se extiende por el mundo, las revoluciones desaparecerán. ¡La lógica es significativa! Lenin está diciendo algo cierto acerca de todos los políticos. No les gustará la gran música en el mundo, no les gustará la gran poesía en el mundo, no les gustará que haya grandes meditadores en el mundo, no les gustarán las personas en éxtasis, en euforia, no; porque entonces, ¿qué le ocurrirá a su revolución? ¿Qué ocurrirá con las guerras? ¿Qué ocurrirá con toda clase de tonterías que circulan por el mundo?

Hay que mantener a la gente siempre febril; sólo así pueden ayudar los políticos. Si la gente está satisfecha, contenta, feliz, ¿quién se preocupa por las capitales? La gente se olvidará de ellos. Danzará, escuchará música y meditará. ¿Por qué tendría que preocuparse por el presidente y esto y aquello? No vale para nada. Pero la gente, cuando no está satisfecha, relajada… las personas que no tienen su yo apoyan a otros yoes, porque esa es la única manera de que puedan conseguir el apoyo de los otros para sus propios yoes.

Recuerda esto: estar pendiente de uno mismo —el énfasis en el uno mismo— es una enfermedad profunda, una enfermedad en lo profundo. Uno debería deshacerse de ella. Ser consciente de uno mismo —el énfasis en la consciencia— es una de las cosas más sagradas del mundo, porque pertenece a la gente sana, a aquellos que han alcanzado su centro. Ellos son conscientes, están atentos. Ellos no están vacíos: están satisfechos.

trece

MEDITACIONES ACTIVAS PARA EL HOMBRE MODERNO

LOS MÉTODOS DINÁMICOS DE MEDITACIÓN que tienen la catarsis como base te permiten poder deshacerte de todo el caos que hay dentro de ti. Esa es la belleza de estas técnicas. Tú no puedes sentarte en silencio, pero puedes hacer la meditación dinámica o caótica muy fácilmente. Y una vez que te deshaces del caos, empieza a suceder un silencio en ti. Entonces, puedes sentarte en silencio. Si se hacen con constancia, de la manera correcta, las técnicas de meditación catárticas dispersarán de una manera sencilla todo tu caos interior. No tendrás que atravesar una fase de locura en tu camino, como mucha gente ha tenido que hacer en el pasado. Esa es la belleza de estas técnicas. La locura ya se ha sacado. Es inherente a la técnica. Pero si te sientas en silencio, como sugieren muchas de las viejas tradiciones… por ejemplo, Patanjali, el fundador del yoga, no tiene métodos catárticos; al parecer, en su tiempo no eran necesarios. La gente era muy silenciosa, pacífica y primitiva por naturaleza. La mente todavía no funcionaba tanto. La gente dormía bien, vivía como los animales. No era tan pensadora, lógica, racional… más centrada en el corazón, como pasa incluso ahora con la gente primitiva. Además, la vida era de tal manera que automáticamente permitía muchas catarsis.

Por ejemplo, un leñador no necesita tener ninguna catarsis, simplemente porque al cortar la leña, se deshace de todos sus instintos asesinos. Cortar leña es como asesinar un árbol. Un picapedrero no necesita hacer meditación catártica. Está haciéndola todo el día. Pero para el hombre moderno, las cosas han cambiado. Ahora se vive en tal confort, que no hay posibilidad de ninguna catarsis en la vida, excepto conducir alocadamente. Por eso, en Occidente cada año muere más gente como consecuencia de accidentes de tráfico que por ninguna otra causa. Esa es la mayor enfermedad. Ni el cáncer ni los infartos... ninguna enfermedad se cobra tantas vidas como los accidentes de tráfico. En la segunda guerra mundial, en un año, murieron millones de personas. En la Tierra, mueren más personas cada año por culpa de los conductores locos.

Si eres conductor, puede que hayas observado que cuando estás enfadado, vas de prisa. pisas el acelerador, simplemente te olvidas del freno. Cuando estás muy furioso, irritado, el automóvil se convierte en un medio de expresión. Aparte de eso, vives en total comodidad; cada vez se hacen menos cosas con el cuerpo, cada vez se vive más en la mente.

Los que conocen sobre los centros profundos del cerebro dicen que las personas que trabajan con las manos tienen menos ansiedad, menos tensión, duermen mejor. Porque las manos están conectadas con las partes más profundas de la mente, con los centros más profundos del cerebro... la mano derecha con el lado izquierdo del cerebro, la mano izquierda con el lado derecho del cerebro. Cuando trabajas con las manos, la energía fluye desde el cerebro a las manos y se libera. Las personas que trabajan con las manos no necesitan catarsis. Pero las personas que trabajan con la cabeza necesitan mucha catarsis porque acumulan mucha energía, y no hay un camino, una abertura para salir a través del cuerpo. Gira y gira dentro de la mente; la mente se vuelve loca. Pero en nuestra cultura y sociedad —en la oficina, en la fábrica, en el mercado—, las personas que trabajan con la cabeza son respetadas, mientras que las personas que trabajan con las manos no suelen serlo tanto. En algún sentido, puede ser incluso peyorativo.

Antiguamente, el mundo era completamente diferente. Las personas eran manos. No hacía falta catarsis, específicamente. La vida en sí era una catarsis. Así que podían sentarse en silencio muy fácilmente. Pero tú no puedes sentarte. Por eso, he inventado los métodos catárticos. Solo después de pasar por ellos, puedes sentarte en silencio, no antes.

En segundo lugar, yo siempre he insistido en la celebración como parte de las meditaciones. En este mundo de consciencia, nada es tan útil como la celebración. La celebración es como regar una planta. La preocupación es justo lo opuesto a la celebración; es como cortar las raíces. ¡Siéntete feliz! Danza con tu silencio. Este momento está aquí: suficiente. ¿Por qué pedir más? El mañana se ocupará de sí mismo. Este momento es demasiado; ¿por qué no vivirlo, celebrarlo, disfrutarlo? Deja que se convierta en una canción, una danza, una poesía; deja que sea creativo; haz algo con él.

Hay millones de cosas posibles, porque no hay nada más creativo que el silencio. No hace falta ser un gran pintor, famoso en el mundo entero, un Picasso. No hace falta convertirse en un Henry Moore; no hace falta convertirse en un gran poeta. Esas ambiciones de ser grande son de la mente, no del silencio. A tu manera, por sencilla que sea, pinta. A tu manera, por sencilla que sea, escribe un poema, canta una canción, baila un poco, celebra, y descubrirás que el siguiente momento trae más silencio. Y una vez que sabes eso, más celebras, más recibes, más compartes, más capaz te vuelves de recibirlo. Cada momento, continúa creciendo. Y el siguiente momento siempre nace de este momento, así que, ¿por qué preocuparse por él? Si en este momento hay silencio, ¿cómo va a haber caos en el próximo momento? ¿De dónde vendrá? Nacerá de este momento. Si soy feliz en este momento, ¿cómo voy a ser infeliz en el próximo momento?

Si quieres ser infeliz en el siguiente momento, tendrás que ser infeliz en este momento, porque la infelicidad nace de la infelicidad; la felicidad nace de la felicidad. Lo que quieras cosechar en el siguiente momento tienes que plantarlo ahora mismo. Una vez que se admite la preocupación y empiezas a pensar que el caos vendrá, seguro que vendrá, ya lo has traído. Ahora tendrás que recoger la cosecha, ya ha llegado. No hace falta esperar al siguiente momento, ya está ahí.

Recuerda esto, y es algo realmente extraño: cuando estás triste, nunca piensas que sea algo imaginario. Yo nunca me he encontrado con un hombre que esté triste y que me diga que puede que todo sea imaginario. La tristeza es completamente real. ¿Pero la felicidad? Inmediatamente algo falla y empiezas a pensar: «Puede que sea imaginaria». Cuando estás tenso, nunca piensas que sea imaginario. Si puedes pensar que tu tensión y tu angustia son imaginarias, desaparecerán.

Lo que se toma por real, se vuelve real. Lo que se toma por irreal, se vuelve irreal. Tú eres el creador de todo el mundo a tu alrededor, recuérdalo. Conseguir un momento de felicidad, de dicha, es raro; no lo malgastes pensando. Pero si no haces nada, surge la posibilidad de la preocupación. Si no haces nada... si no bailas, no cantas, no compartes, surge la posibilidad. La misma energía que podría haber sido creativa creará la preocupación. Empezará a crear nuevas tensiones por dentro.

La energía tiene que ser creativa. Si no la utilizas para la felicidad, la misma energía será utilizada para la infelicidad. Y para la infelicidad, tú ya tienes unos hábitos muy arraigados; la energía fluye muy suelta. Para la felicidad, la tarea es más cuesta arriba. Así que tendrás que estar constantemente alerta, y en cuanto surja un bello momento, déjalo agarrarte, poseerte, y disfrútalo en una totalidad tal... ¿cómo podría ser diferente el siguiente momento? ¿Por dónde será diferente? ¿De dónde vendrá?

Tu tiempo se crea dentro de ti. Tu tiempo no es mi tiempo. Existen tantos tiempos paralelos como mentes. No hay un único tiempo.

Si hubiera un tiempo único, habría problemas. Entonces, de entre toda esta desgraciada especie humana nadie podría convertirse en un buda, porque perteneceríamos al mismo tiempo. No, no es el mismo. Mi tiempo nace de mí; es mi creatividad. Si este momento es bello, el próximo momento nacerá más bello; este es mi tiempo. Si este momento para ti es triste, entonces nacerá de ti un momento aun más triste; ese es tu tiempo. Existen millones de líneas de tiempos paralelos. Y hay unas pocas personas que existen sin tiempo; aquellas que han alcanzado la no mente. No tienen tiempo porque no piensan en el pasado; se ha ido, así que solo los necios piensan en él. Cuando algo se ha ido, se ha ido.

Hay un mantra budista: «Gate, gate, paregate; swaha»: «Ido, ido, absolutamente ido; déjalo ir al fuego». El pasado se ha ido, el futuro no ha llegado todavía. ¿Por qué preocuparse por él? Lo que se ha ido, se ha ido; lo que no ha llegado, no ha llegado todavía. Solo queda este momento, puro, intenso, de energía. ¡Vívelo! Si es silencio, se agradecido. Si es bendición, dale gracias a Dios; confía en él. Y si puedes confiar, crecerá. Si desconfías, ya lo has envenenado.

RESPUESTAS A PREGUNTAS DE MEDITADORES

¿Es posible meditar sin ninguna técnica?

La pregunta que has hecho es ciertamente de gran importancia, porque la meditación, como tal, no necesita técnica en absoluto. Pero se necesitan técnicas para apartar los obstáculos que se atraviesan en el camino, en el paso. Las técnicas en sí mismas no son meditación. Si te detienes en la técnica, has errado el objetivo.

J. Krishnamurti insistió toda su vida en que no hay técnica para la meditación. Y el resultado total no fue que millones de personas alcanzaron la meditación; el resultado final fue que millones de personas se convencieron de que no se necesita técnica para la meditación. Pero olvidaron todo respecto a lo que iban a hacer con las obstrucciones, los obstáculos. Así que se quedaron convencidos intelectualmente de que no se necesita técnica. He conocido a muchos seguidores de J. Krishnamurti, muy íntimos, y les he preguntado: «No se necesita técnica, estoy completamente de acuerdo. ¿Pero les ha ocurrido la meditación, a ti o a cualquier otro que ha estado escuchando a J. Krishnamurti?».

Aunque lo que dice es esencialmente verdad, está hablando solo desde el lado positivo de la experiencia. Hay también un lado negativo. Y para ese lado negativo, se necesitan todo tipo de técnicas —se necesitan absolutamente—, porque a menos que el terreno esté bien preparado, y que toda la maleza y las raíces silvestres sean arrancadas del terreno, no puedes cultivar rosas y otras flores hermosas. A las rosas no les importan en absoluto esas raíces, las plantas silvestres que has quitado. Pero retirar esa maleza era absolutamente necesario para que el terreno estuviera en una situación adecuada en la que las rosas pudieran florecer.

Tú estás preguntando: «¿Es posible meditar sin ninguna técnica?»: No solo es posible; es la única posibilidad. No se necesita técnica en absoluto, en lo que se refiere a la meditación. ¿Pero qué vas a hacer con tu mente? Tu mente producirá mil y una dificultades. Esas técnicas se necesitan para apartar a la mente del camino, para crear un espacio en el cual la mente se vuelva callada, silenciosa, casi ausente. La meditación ocurre por su cuenta. No es una cuestión de técnica. No tienes que hacer nada.

La meditación es algo natural, algo que está ya escondido dentro de ti y estás tratando de encontrar el camino para alcanzar el cielo abierto, el sol, el aire. Pero la mente la rodea por todas partes; todas las puertas están cerradas, todas las ventanas están cerradas. Las técnicas son necesarias para abrir las ventanas, para abrir las puertas. E inmediatamente, todo el cielo está a tu disposición, con todas sus estrellas, con toda su belleza, con todos sus atardeceres, con todos sus amaneceres.

Solo una ventanita te lo estaba impidiendo... solo una pajita puede entrarte en el ojo y te impedirá ver el vasto cielo, porque no puedes abrir los ojos. Es absolutamente ilógico que solo una pajita o un grano de arena puedan evitarte ver las grandiosas estrellas, el cielo infinito. Pero de hecho, pueden hacerlo, lo hacen.

Se necesitan técnicas para quitar esas pajas, esos granos de arena, de tus ojos. Y la meditación es tu naturaleza, es tu verdadero potencial. Es otro nombre para el espíritu alerta.

El joven padre, que llevaba a su bebé a pasear por el parque en su cochecito, parecía no preocuparse del llanto que salía del cochecito. «Tranquilo, Albert», decía en voz baja. «Tranquilízate, es un buen tipo».

Salió otro rugido del coche. «Bueno, bueno, Albert», murmuró el padre, «no te enfades».

Una joven madre que pasaba a su lado, comentó: «Debo felicitarlo. Usted realmente sabe cómo hablar a los bebés». Después, dándole una palmadita al bebé en la cabeza, arrulló: «¿Qué te está molestando, Albert?».

«No, no», exclamó con sorpresa el padre. «Se llama Johnnie; yo soy Albert».

Simplemente, estaba tratando de mantenerse alerta: «Albert, no te salgas de las casillas». No quiere olvidar, ¡de lo contrario le gustaría tirar a su bebé al lago!

La meditación es sencillamente consciencia sin ningún esfuerzo, una actitud de alerta sin esfuerzo; no necesita ninguna técnica. Pero tu mente está tan llena de pensamientos, tan llena de sueños, tanto pasado, tanto futuro... no es aquí ahora, y la consciencia tiene que ser aquí ahora. Se necesitan técnicas para ayudarte a cortar tus raíces del pasado, para cortar tus sueños del futuro, y para mantenerte en este momento como si solo este momento existiera. Entonces, no se necesita ninguna técnica.

Hymie Goldberg estaba haciendo una visita a su amigo, el señor Cohen, que se estaba muriendo. «Haznos un favor», dijo Hymie Goldberg, "cuando vayas al cielo, ¿podrías encontrar una forma de hacerme saber si juegan béisbol allá arriba?". El señor Cohen dijo que ciertamente intentaría contactar a su viejo amigo si era posible.

Solo unos pocos días después de que el señor Cohen muriera, Hymie Goldberg recibió una llamada telefónica. «Hola, Hymie», dijo el señor Cohen. «Soy tu viejo amigo».

«¿Cohen? ¿Eres tú de verdad?», preguntó Hymie.

«Claro», contestó su amigo. «Tengo una buena noticia y una mala noticia. Primero, claro que hay béisbol en el cielo. Y la mala noticia es que tú lanzas el próximo domingo».

La vida es un asunto complicado. Hay buenas noticias y hay malas noticias. La buena noticia es que no se necesita ninguna técnica. Pero la mala noticia es que ¡sin una técnica no vas a lograrlo!

Usted ha estado utilizando la palabra clave «desprogramar» para describir su trabajo. Las técnicas que ha sugerido durante estos años incluyen meditaciones caóticas y dinámicas, así como técnicas de la moderna escuela terapéutica.

¿Por qué tuvo que crear nuevas técnicas de meditación como la Meditación Kundalini o la Meditación Dinámica, aunque hay una tradición que ya incluye cientos de técnicas del yoga, el sufismo, el budismo, etcétera? Además, ¿utiliza usted terapias tales como la gestalt, la fundamental, el encuentro, en su comuna? ¿Es realmente necesario? Algunas personas dicen que su intención secreta es lavar la mente de la gente.

Los métodos antiguos de meditación fueron desarrollados todos en Oriente. Nunca tuvieron en cuenta al hombre occidental; el hombre occidental estaba excluido. Estoy creando técnicas que no son solo para el hombre oriental, que son sencillamente para cualquier hombre, oriental u occidental.

Hay una diferencia entre la tradición oriental y la tradición occidental, y es la tradición que crea la mente. Por ejemplo, la tradición oriental es muy paciente, miles de años de enseñar a mantenerse paciente, sean cuales sean las condiciones.

La mente occidental es muy impaciente. No se pueden aplicar los mismos métodos de técnica a ambas.

La mente oriental ha sido condicionada para mantener cierto equilibrio en el éxito o el fracaso, en la riqueza o en la pobreza, en la enfermedad o en la salud, en la vida o en la muerte. La mente occidental no tiene idea de tal equilibrio, se perturba demasiado. Con el éxito, se perturba; empieza a sentirse en la cima del mundo, empieza a sentir cierto complejo de superioridad. En el fracaso, se va al otro extremo; cae al séptimo infierno. Es desgraciada, profundamente angustiada y siente un tremendo complejo de inferioridad. Está desgarrada.

Y la vida consta de ambas. Hay momentos que son hermosos y hay momentos que son feos. Hay momentos en los que estás enamorado, hay momentos en los que sientes ira, odio. La mente occidental simplemente se deja llevar por la situación. Está siempre en una confusión. La mente oriental ha aprendido... es un condicionamiento, no es una revolución; es solo un entrenamiento, una disciplina, es una práctica. Por debajo, es lo mismo; pero un gran condicionamiento hace que mantenga cierto equilibrio.

La mente oriental es muy lenta porque no tiene sentido ser rápido; la vida sigue su propio curso y todo está determinado por el destino. Así que lo que obtienes no lo obtienes por tu velocidad, tu apresuramiento. Lo que obtienes lo obtienes porque ya está predestinado. No hay por qué apresurarse. Cuando algo va a ocurrir, va a ocurrir, ni un segundo antes ni un segundo después.

Esto ha producido un flujo muy lento en Oriente. Parece casi como si el río no estuviera fluyendo; es tan lento que no puedes detectar el flujo. Además, el condicionamiento oriental es que ya has vivido millones de vidas y que hay millones que vivir por delante; así que el periodo de vida no es solo setenta años; el periodo de vida es vasto y enorme. No hay prisa; hay mucho tiempo disponible; ¿por qué habrías de tener prisa? Si no ocurre en esta vida, puede ocurrir en otra.

La mente occidental es muy rápida, rauda, porque el condicionamiento es solo para una vida —setenta años— y con tanto que hacer. Un tercio de la vida se va en el sueño, un tercio de la vida se va en la educación, en el entrenamiento; ¿qué queda?

Mucha se va en ganarte la vida. Si lo cuentas todo, te sorprenderás: de setenta años no te quedan siquiera siete años para algo que quieras hacer. Naturalmente, hay prisa, un apresuramiento loco, tan loco que uno olvida a dónde va. Todo lo que recuerdas es si vas rápido o no. Los medios se convierten en el fin.

De la misma forma, en diferentes direcciones... la mente oriental se ha cultivado de forma diferente que la mente occidental. Los métodos de meditación desarrollados en Oriente nunca han tomado en cuenta al hombre occidental; no fueron desarrolladas para el hombre occidental. El hombre occidental todavía no estaba disponible. La época en que el *VigyanBhairanaTantra* fue escrito —en el cual han llegado a la perfección ciento doce técnicas— fue aproximadamente hace cinco a diez mil años.

En esa época, no había hombre occidental, no había sociedad occidental, ni cultura occidental. Occidente era todavía bárbaro, primitivo, no merecía la pena tomarlo en cuenta. Oriente era todo el mundo, en el pináculo de su crecimiento, riqueza, civilización.

Mis métodos de meditación han sido desarrollados por absoluta necesidad. Quiero que la distinción entre Occidente y Oriente se disuelva.

Después del *VigyanBhairanaTantra* de Shiva, en esos cinco o diez mil años, nadie ha desarrollado un solo método. Pero he estado observando las diferencias entre Oriente y Occidente: el mismo método no puede ser aplicado inmediatamente a ambos. Primero, las mentes oriental y occidental tienen que ser llevadas a un estado similar. Esas técnicas de Meditación Dinámica, Meditación Kundalini, y otras, son todas catárticas; su base es la catarsis.

Tienes que arrojar toda la basura de la que está llena tu mente. A menos que estés sin carga, no puedes sentarte en silencio. Es como si dijeras a un niño que se siente en silencio en el rincón de una habitación.

Es muy difícil, está muy lleno de energía. ¡Estás reprimiendo un volcán! La forma mejor es decirle primero: «Vete a darle diez vueltas a la casa corriendo; después, ven a sentarte en el rincón».

Entonces es posible, lo has hecho posible. Él mismo quiere sentarse ahora, relajarse. Está cansado, está exhausto; ahora sentado ahí, no está reprimiendo su energía, ha expresado su energía al correr alrededor de la casa diez veces. Ahora está más cómodo. Los métodos catárticos son simplemente para arrojar toda tu impaciencia, tu velocidad, tu apresuramiento, tus represiones.

Hay que recordar otro factor más, que son absolutamente necesarios para el hombre occidental antes de que pueda hacer algo como *vipasana*, solamente sentarse en silencio sin hacer nada y la hierba crece por sí misma. Pero tienes que estar sentado en silencio, sin hacer nada, esa es una condición básica para que la hierba crezca por sí misma. Si no puedes sentarte en silencio sin hacer nada, vas a perturbar a la hierba.

Siempre me han gustado los jardines, y en todos los sitios en los que he vivido he creado hermosos jardines, pasto. Solía hablar con la gente sentado en mi pasto, y me di cuenta de que todos arrancaban el pasto… solo energía frenética. Si no tenían nada que hacer, sencillamente arrancaban el pasto. Tenía que decirles: «Si continúas haciendo esto, tendrás que sentarte dentro de la habitación. No puedo permitirte que destroces mi pasto».

Se detenían un tiempo, y cuando empezaban a escucharme, de nuevo, inconscientemente, sus manos empezaban a halar la hierba. Así que sentarse en silencio sin hacer nada no es solamente sentarse en silencio sin hacer nada. Es hacer un gran favor a la hierba. A menos que no estés haciendo nada, la hierba no puede crecer; tú lo impedirás, tú la arrancarás, tú la perturbarás.

Así que estos métodos son absolutamente necesarios para la mente occidental. Pero se ha unido también un nuevo factor: se han vuelto necesarios también para la mente oriental. La mente para la cual Shiva escribió esos ciento doce métodos de meditación ya no existe, ni siquiera en el ahora. La influencia occidental ha sido tremenda. Las cosas han cambiado.

En la época de Shiva, no había civilización occidental. Oriente estaba en su punto más alto de gloria; era llamado «un pájaro dorado». Tenía todos los lujos y comodidades: era realmente rico. Ahora la situación ha cambiado: Oriente ha estado en esclavitud durante dos mil años, explotado por casi todos en el mundo, invadido por una docena de países, continuamente saqueado, violado, incendiado. Es ahora un mendigo.

Y trescientos años de gobierno británico en India han destruido el propio sistema educativo de India, que era una cosa totalmente diferente. Obligaron a la mente oriental a ser educada de acuerdo con los estándares occidentales. Han convertido casi a la intelectualidad oriental en una intelectualidad occidental de segundo grado. Han dado a Oriente su enfermedad de velocidad, de apresuramiento, de impaciencia, de continua angustia.

Si ves los templos de Khajuraho o los de Konarak, puedes ver Oriente en su verdadero color. Solo en Khajuraho había cien templos; solo han sobrevivido treinta, setenta han sido destruidos por los mahometanos. Miles de templos de gran belleza y de esculturas han sido destruidos por los mahometanos. Estos treinta sobrevivieron; fue solo coincidencia, porque formaban parte de un bosque. Quizá los invasores los olvidaron.

Pero la influencia británica en la mente india fue tan grande que incluso un hombre como Mahatma Gandhi quería que esos treinta templos fueran cubiertos con barro para que nadie pudiera verlos. Solo pensar en las personas que habían creado esos cien templos... cada templo debe haber requerido siglos para su construcción. Son tan delicados en su estructura, tan proporcionados y hermosos, que no hay nada semejante a ellos en la tierra.

Y puedes imaginar que los templos no existen solos; si había cien templos, debe haber habido una ciudad de miles de personas; de lo contrario, cien templos no tienen sentido. ¿Quiénes son esas personas? Con los templos, han sido masacradas esas personas. Y pongo esos templos por ejemplo porque su escultura parecerá pornográfica a la mente occidental; a Mahatma Gandhi también le parecía pornográfica.

India le debe mucho a Rabindranath Tagore. Fue el hombre que impidió a Mahatma Gandhi y a otros políticos que estaban dispuestos a cubrir los templos, ocultarlos de la mirada de la gente. Rabindranath Tagore dijo: «Esto es absolutamente estúpido. No son pornográficos, son supremamente hermosos».

Hay una línea muy delicada entre la pornografía y la belleza. Una mujer desnuda no es necesariamente pornográfica; un hombre desnudo no es necesariamente pornográfico. Un hombre hermoso, una mujer hermosa, desnudos, pueden ser ejemplos de belleza, de salud, de proporción. Son los productos más gloriosos de la naturaleza. Si un ciervo puede estar desnudo y ser hermoso —y nadie piensa que un ciervo es pornográfico— entonces, ¿por qué debería ser que un hombre o una mujer desnudos no puedan ser vistos simplemente como hermosos?

Había damas en la época de Victoria de Inglaterra que cubrían las patas de las sillas con tela porque las piernas no deberían dejarse desnudas; ¡las patas de las sillas! Pero como el nombre coincide, se consideraba incivilizado, inculto, dejarlas desnudas. Hubo un movimiento en la época de Victoria que establecía que las personas que sacaban a sus perros a pasear debían cubrirlos con tela. No debían estar desnudos... Como si la desnudez misma fuera pornográfica. Es la mente pornográfica.

He estado en Khajuraho cientos de veces y no he visto ni una sola escultura que sea pornográfica. Un cuadro desnudo o una escultura desnuda se vuelven pornográficos si provocan tu sexualidad. Ese es el único criterio: si provoca tu sexualidad, si es un incentivo para tu instinto sexual. Pero ese no es el caso con Khajuraho. De hecho, los templos fueron hechos justamente con el propósito contrario.

Fueron hechos para meditar sobre el hombre y la mujer haciendo el amor. Y las piedras han tomado vida. Las personas que las han hecho deben de haber sido los más grandes artistas que ha conocido el mundo. Fueron hechas para meditar sobre ellas; eran objetos de meditación.

Es un templo, y los meditadores estaban sentados a su alrededor, solamente mirando las esculturas y observando dentro de sí mismos si surgía algún deseo sexual. Este era el criterio: cuando descubrían que no surgía deseo sexual, era un certificado para que entraran en los templos.

Todas estas esculturas están fuera del templo, en las paredes exteriores; dentro, no hay estatuas desnudas. Pero esto era necesario para que la gente meditara, y cuando estaban seguros de que no había deseo —de que, al contrario esas estatuas habían hecho apaciguarse su deseo ordinario de sexo—, entonces podían entrar en el templo; de lo contrario no debían entrar. Eso habría sido una profanación, tener tal deseo y entrar en el templo. Habría sido ensuciar el templo; estarías insultando el templo.

Las personas que crearon estos templos crearon también una literatura imponente, voluminosa. Oriente nunca fue represivo respecto a la sexualidad. Antes de Buda y Mahavira, Oriente nunca fue represivo con la sexualidad. Fue con Buda y Mahavira cuando el celibato se volvió espiritual por primera vez. Por el contrario, antes de Buda y Mahavira todos los videntes de los Upanishads, de los Vedas, eran personas casadas; no eran célibes, tenían hijos.

Y no eran personas que habían renunciado al mundo; tenían todos los lujos y todas las comodidades. Vivían en los bosques, pero tenían todo lo que les ofrecían sus estudiantes, sus reyes, sus amantes. Y sus *ashrams*, sus escuelas, sus academias en el bosque eran muy ricas.

Con Buda y Mahavira, Oriente comenzó una tradición enfermiza de celibato, de represión. Y cuando el cristianismo llegó a India, llegó una fuerte tendencia de represión. Estos trescientos años de cristianismo han vuelto a la mente oriental casi tan represiva como la occidental.

Así que ahora mis métodos son aplicables a ambas. Los llamo métodos preliminares. Son para destruir todo lo que puede impedirte entrar en una meditación silenciosa. Una vez que la Meditación Dinámica o la Meditación Kundalini tienen éxito, estás limpio. Has borrado la represión. Has borrado la velocidad, la prisa, la impaciencia. Ahora te es posible entrar en el templo.

Por esa razón, he hablado sobre la aceptación del sexo, porque sin la aceptación del sexo, no puedes librarte de la represión. Y quiero que estés completamente limpio, natural. Quiero que estés en un estado en el que esos ciento doce métodos puedan ser aplicables a ti.

Esta es mi razón para concebir estos métodos; son simplemente métodos de limpieza.

He incluido también los métodos terapéuticos occidentales, porque la mente occidental, y bajo su influencia la mente oriental, se han vuelto enfermas. Es un raro fenómeno encontrar hoy una mente saludable. Todo el mundo siente cierto tipo de náusea, una náusea mental, cierto vacío, que es como una herida que duele. A todo el mundo se le ha convertido su vida en una pesadilla. Todo el mundo está preocupado, demasiado temeroso de la muerte; no solo temeroso de la muerte, sino también temeroso de la vida. La gente está viviendo con poco entusiasmo, la gente está viviendo de forma tibia: no intensamente, como Zorba el griego, no con un aroma saludable sino con una mente enferma. Uno tiene que vivir, así que viven.

Uno tiene que amar, así que aman. Uno tiene que hacer esto, ser así, así que lo siguen; por otra parte, no hay incentivo que venga de su propio ser.

No rebosan energía. No arriesgan nada para vivir totalmente. No son aventureros, y sin ser aventurero uno, no es saludable. La aventura es el criterio, la indagación en lo desconocido es el criterio. La gente no es joven; desde la infancia, se vuelven viejos. La juventud no ocurre nunca.

Los métodos terapéuticos occidentales no te pueden ayudar a crecer espiritualmente, pero pueden preparar el terreno. No pueden sembrar las semillas de las flores, pero pueden preparar el terreno, lo cual es una necesidad. Esta fue una razón por la que incluí las terapias.

Hay otra razón también: quiero un encuentro de Oriente y Occidente...

Oriente ha desarrollado métodos meditativos; Occidente no ha desarrollado métodos meditativos, Occidente ha desarrollado psicoterapias. Si queremos que la mente occidental esté interesada en los métodos de meditación, si queremos que la mente oriental se acerque más a la occidental, entonces tiene que darse y recibirse algo. No debería ser solo oriental; debería incluirse algo de la evolución occidental. Y encuentro que esas terapias son inmensamente útiles. No pueden llegar lejos, pero hasta donde llegan es bueno. Donde se detienen, la meditación puede tomar el mando.

Pero la mente occidental debería sentir que se ha incluido algo de su propio desarrollo en el encuentro, en la fusión; no debería ser unilateral. Y son significativas; no pueden hacer daño, solo pueden ayudar.

Las he utilizado durante los últimos veinte años con un éxito tremendo. Han ayudado a la gente a limpiar su ser, los han preparado para estar listos para entrar en el templo de la meditación. Mi esfuerzo es para disolver la separación entre Oriente y Occidente. La Tierra debería ser una, no solo políticamente, sino espiritualmente también.

Y tú dices que la gente cree que esa es una forma inteligente de lavado de cerebro. Es algo más: es un lavado de mente, no un lavado de cerebro. El lavado de cerebro es muy superficial. El cerebro es el mecanismo que utiliza la mente. Puedes lavar el cerebro muy fácilmente, cualquier mecanismo puede ser lavado y limpiado y lubricado. Pero si la mente que está detrás del cerebro está contaminada, está sucia, está llena de deseos reprimidos, está llena de fealdad, pronto el cerebro estará lleno de todas esas cosas feas.

Y no veo que haya nada malo en ello; lavar es siempre bueno. Creo en la limpieza en seco; no utilizo viejos métodos de lavado.

¿Existen problemas reales? ¿Son todos los problemas solo juegos de la mente? ¿La consciencia hace desaparecer los problemas? ¿O hay una posibilidad de que la consciencia traiga represión? Encuentro que siempre que me siento un poco más centrado y consciente de lo normal no siento ningún problema, pero cuando ya no estoy centrado, todos los problemas viejos vuelven y parecen incluso más grandes. ¿Eso es represión?

Todos los problemas surgen de la inconsciencia. La inconsciencia produce problemas, es el único problema, realmente. Entonces, cuando te vuelves alerta, consciente, recuérdalo, porque una persona que reprime sus problemas tendrá miedo de volverse consciente. En el momento en el que uno que ha reprimido problemas se vuelve consciente, esos problemas aparecerán. La consciencia los traerá a la luz.

Es como si estás escondiendo basura en tu casa: tendrás miedo de traer la luz, porque entonces tendrás que ver todo lo que has estado escondiendo allí. No puedes traer la luz.

Viví una vez en un pueblo, durante unos días. Había un río, muy sucio, solo un río tan pequeño que no se puede llamar siquiera río. Y no había otra forma, otra fuente de agua. Vino a quedarse conmigo un huésped. Ahora bien, yo estaba un poco desconcertado: ¿cómo llevarlo a aquel sucio río? Así que lo llevé temprano, a las cuatro de la mañana, y nos divertimos y hablamos de la belleza, porque había luna y el río se veía realmente hermoso. Y él lo disfrutó y dijo: «Nunca he visto un lugar tan hermoso».

Yo dije: «Muy bien, pero no vengas nunca de día».

Él dijo: «¿Por qué?».

Yo dije: «Solamente no vengas».

Naturalmente, se apresuró, por la mañana volvió. Y volvió de allí diciendo: «¡Qué sitio más sucio!».

Pero se veía tan bonito...

Si reprimes, te dará miedo volverte consciente. Por eso, millones de personas tienen miedo de volverse conscientes. La consciencia te traerá luz y entonces verás todos los escorpiones y las culebras y los lobos... y eso es aterrador. Uno se mantiene en la oscuridad. Al menos uno puede continuar fingiendo que no hay problema.

La consciencia liberará todo lo que está reprimido. La consciencia *nunca* reprime; por el contrario, libera las represiones.

Pero tu experiencia es cierta. Si te vuelves consciente, los problemas desaparecen. Naturalmente, surge la pregunta: ¿No está la consciencia reprimiendo esos problemas? ¿Porque cómo pueden desaparecer súbitamente? Y cuando se pierde la consciencia, se va la concentración, y ya no eres consciente, de nuevo emergen los problemas, ¡y son más grandes que nunca! Entonces, la conclusión natural es: la consciencia los reprimió. No es así.

Cuando eres inconsciente, creas problemas. La inconsciencia tiene su propio lenguaje, es el lenguaje de los problemas. Es como cuando andas a tientas en la oscuridad. Una cosa se cae, tropiezas con otra. Esos son problemas por la oscuridad. Si viene la luz, no tropezarás con la mesa y nada caerá. Ahora puedes moverte con facilidad. Podrás ver. Pero cuando está oscuro, trata de moverte en tu propia casa y ocurrirán muchos accidentes. Tal vez no puedas encontrar la puerta por la noche. Tal vez no puedas encontrar dónde están las cosas.

En la oscuridad, la forma como vives crea problemas. La oscuridad o la inconsciencia solo entiende el lenguaje de los problemas; no tiene soluciones. Incluso si se te da una solución, en tu inconsciencia, harás un problema de ella. Eso es lo que ocurre una y otra vez: si te digo algo, tú entiendes algo totalmente diferente. Entiendes desde tu punto de vista.

Por eso, los budas siempre son entendidos mal. Eso es natural, no puede evitarse. Es muy difícil entender a un buda. Es muy fácil y natural malinterpretarlo. Entenderlo requerirá mucha conciencia de tu parte... ¡porque él vive en el mundo donde no hay problemas! Donde todo son soluciones y soluciones y no problemas, todo respuestas y no preguntas. Y tú vives en un mundo donde hay solo preguntas y preguntas, y no respuestas. Tú vives tan lejos... como si estuvieran viviendo en planos diferentes.

Él continúa gritando desde allá, pero lo que llega hasta ti es totalmente diferente. Y siempre puedes encontrar racionalizaciones para lo que entiendes. Puedes volverte muy argumentativo, a la defensiva también.

William estaba sentado en el puesto de los testigos. Ya había contestado calmadamente todas las preguntas del abogado de la acusación. Ahora era el turno del juez.

«¿El acusado espera realmente que esta corte acepte su historia de que el alambique completamente ensamblado que había en su propiedad no se usaba para producir whisky ilegal?".

«¡Así es, su señoría!», dijo William. «Lo compré como una novedad, una pieza de conversación. Ni ahora ni nunca lo he utilizado como un alambique para producir whisky».

«¡Tonterías!», gritó el magistrado. «¡Por lo que respecta a esta corte, la posesión del equipo es prueba suficiente de su culpabilidad!».

«Entonces, su señoría, ¡supongo que también debería acusarme de violar a su hija!».

«¡Qué!», aulló el juez. «¿También violó usted a mi hija?".

«No, señor», dijo William. «Pero estuvo en mi casa anoche, ¡y con toda seguridad tengo el equipo para ello!».

La mente es muy astuta, muy inteligente. Puede argumentar de forma inteligente. Puede encontrar incluso racionalizaciones y pruebas; puede darte la sensación de que has entendido correctamente.

Pero el asunto es de inmensa importancia. Es de importancia para todos los que están aquí. Porque este es un lugar donde tienes que volverte cada vez más consciente. La consciencia tiene que convertirse en el clima.

«¿Existen los problemas reales?». Existen solo cuando eres inconsciente; entonces, son reales. Si la inconsciencia está ahí, son reales. Lo mismo que los sueños existen cuando estás dormido. ¿Son reales? Sí, cuando estás dormido son completamente reales. Pero cuando estás despierto, sabes que eran irreales. Formaban parte de la consciencia del que duerme. Exactamente como eso, los problemas existen si no estás centrado, si no estás alerta. Si te vuelves centrado, alerta, vigilante, un testigo, los problemas sencillamente se disipan, se evaporan.

«¿Son los problemas solo juegos de la mente?». Sí. Son solo juegos de la mente. Y la «mente» no es nada más que otro nombre para la inconsciencia.

«¿La consciencia hace desaparecer los problemas o hay una posibilidad de que la consciencia traiga represión?». Depende de ti. Hay un poco de peligro. Si *fuerzas* la consciencia en ti, será represiva. Si permites que la consciencia tome posesión de ti, será no represiva. Si practicas la consciencia, tercamente, si es una especie de fuerza de voluntad, entonces reprimirás. La voluntad siempre reprime. La voluntad es la fuente de la represión. Dondequiera que haya voluntad, habrá represión.

Así pues, tu consciencia no tiene que ser producto de la represión. Tiene que surgir de la comprensión. Tiene que ser relajada. Tiene que ser una especie de soltar. No forzada. Esa es una de las cosas más esenciales que hay que entender. Si tratas de volverte consciente, reprimirás.

Por ejemplo, ha surgido la ira y tú tratas de hacerte consciente de la ira, tercamente, a la fuerza, violentamente, agresivamente, activamente, con fuerza de voluntad. Con ese esfuerzo, la ira disminuirá. Caerá en la reserva de tu inconsciente. Se trasladará al sótano de tu ser y esperará ahí. Cuando se haya ido tu esfuerzo... y el esfuerzo no puede ser continuo, porque el esfuerzo te cansa. Puedes hacer un esfuerzo, lo harás durante unos minutos, unas cuantas horas o unos días, pero más pronto o más tarde, necesitarás unas vacaciones. Estarás cansado de todo el esfuerzo. Y en el momento en que estés de vacaciones, la ira volverá, y con una fuerza mayor, porque mientras fue reprimida, cogió presión. Y siempre que se presuriza cualquier energía, gana energía, se vuelve más condensada. Así que cuando se quita la tapa y se suprime la voluntad y el peso, explotará en rabia violenta.

Eso es lo que les ocurre a las personas que cultivan cosas. Pueden reprimir su ira, pero solo estarán produciendo rabia. La ira es momentánea, la rabia es crónica. La ira no es nada de lo que preocuparse, viene y se va. Es solo una brisa. Pero la rabia es peligrosa. Se vuelve parte de ti. Se vuelve tu fundamento, está siempre ahí. ¿No conoces personas que están siempre enfadadas? Y no pueden mostrar su ira, y siempre están enfadadas. Sea lo que sea lo que hacen, lo hacen con ira. La ira está fluyendo constantemente bajo ellos como una corriente subterránea. Se ha vuelto subterránea, pero afecta su amor, afecta su amistad, afecta su misma vibración. Se vuelven repulsivos, se vuelven feos. Y no pueden estar enfadados, no pueden mostrar ira.

Habitualmente lo que ocurre es que las personas que se enfadan por razones pequeñas son buenas personas, nunca tienen rabia. Puedes confiar en ellas: no pueden asesinar o cometer suicidio. Nunca reunirán tanto veneno. Se produce poco veneno y se expulsa. Están siempre frescas, saludables. Las situaciones producen ira, pero ellos no la coleccionan, no la acumulan, no son atesoradores.

Las llamadas buenas personas, la gente respetable, los santos, etcétera, son las personas realmente peligrosas, van acumulando. Algún día va a explotar. Y si no explota, tiene que convertirse en su estilo de vida. Será crónico.

No traigas nunca la consciencia a través de la fuerza de voluntad. Cualquier cosa producida por la fuerza de voluntad va a ser incorrecta, deja que ese sea el criterio. Entonces, ¿cómo traer la consciencia? Entiende. Cuando llega la ira, trata de entender por qué ha venido; trata de entender sin ninguna condenación, sin ninguna justificación tampoco, sin ninguna evaluación. Solamente obsérvala. Debería ser neutral.

Lo mismo que ocurre cuando observas una nube que se mueve en el cielo: en el cielo interior, se mueve una nube de ira, obsérvala. Mira lo que es. Mira profundamente en ella. Trata de entenderla. Y descubrirás que hay una cadena: la nube de ira desaparece, pero porque miraste profundamente en ella se ha encontrado algo más, quizá el ego estaba herido, por eso te enfadas. Ahora mira esa nube de ego, que es más sutil. Continúa mirándola. Entra profundamente en ella.

Nadie ha sido capaz nunca de encontrar algo en el ego. Así que si entras profundamente en él, no lo encontrarás; y cuando no lo has encontrado, ya no está. Entonces, súbitamente, hay una gran luz, surgida de la comprensión, de la penetración, del presenciar, sin esfuerzo, sin voluntad, sin sacar conclusiones de que debería ser así o asá. Un presenciar neutro y surge la consciencia. Y esta consciencia tiene belleza y bendición. Esta consciencia te curará.

Y si llega esta consciencia, nunca te cansarás de ella, porque no ha sido forzada, para empezar. ¡Así que no hay necesidad de vacaciones!

Piensa: el Dios cristiano, el judío, después de seis días estaba cansado y tuvo que descansar el séptimo día. En Oriente, no tenemos una concepción del descanso de Dios.

¿Por qué? parece un poco duro con él; el Dios oriental continúa trabajando, continúa trabajando, sin vacaciones. ¿Por qué no hay vacaciones en Oriente para Dios? De hecho, las vacaciones que ocurren aquí, en Oriente, en las oficinas, en las escuelas y universidades, han sido traídas de Occidente. De lo contrario, no había nada que ver con vacaciones, porque la vida se veía desde una visión totalmente diferente. Es juego, no trabajo.

El Dios judío *debe* haberse cansado. Seis días de trabajo, un trabajo tan largo, ¡y tal fracaso! Debe haberse cansado. Y finalmente, al final, creó al hombre, y desde entonces no ha creado nada. Eso indica lo que le ha ocurrido: se hartó tanto de su propia creación que después del hombre la detuvo. Dijo: «Ya está bien».

Pero el Dios oriental es un continuo de creatividad. Es juego, *leela*. Entonces es posible. Permite que tu consciencia sea un juego. Sin esfuerzo, relajada, y entonces puede volverse un continuo, estará ahí, no se perderá.

Mi sensación es que el que preguntó debe estar haciendo este esfuerzo demasiado. Por eso dice: «Encuentro que siempre que me siento un poco más centrado y consciente de lo normal, no siento ningún problema; pero cuando no estoy ya centrado, todos los viejos problemas vuelven y parecen más grandes incluso. ¿Es eso represión?».

Debe haber un poco de ello; de lo contrario, esos problemas nunca volverán. Una vez que has mirado un problema profundamente, relajadamente, se ha terminado para siempre. Porque *toda* la ira es la misma. Si has examinado una situación de ira profundamente, la has entendido para siempre. Se ha terminado, estás liberado de ella. Y toda la energía que se estaba involucrando en la ira será tuya; toda la energía que se estaba involucrando en la codicia es tuya. Repentinamente, uno encuentra que uno es una gran reserva de energía. Entonces, uno puede bailar, desbordar alegría. Entonces, la vida no es ya algo que uno debe soportar. Entonces, la vida es una celebración.

Los psicólogos occidentales dicen que la meditación es un fenómeno subjetivo y por lo tanto no es posible mucha investigación psicológica. ¿Está de acuerdo?

No estoy de acuerdo, porque *no* es posible ninguna investigación. Usted está diciendo «no es posible mucha investigación psicológica»; por eso, no estoy de acuerdo.

La interioridad del hombre, su subjetividad, no puede ser penetrada. No hay forma de hacerla un objeto de estudio. La investigación es absolutamente imposible; no se ha hecho siquiera una averiguación y tú estás hablando de investigación.

El hombre puede experimentar su subjetividad solo, pero no puede invitar a un investigador a entrar en él y averiguar quién es. Esto es, por naturaleza, imposible. Y es muy afortunado que sea imposible, que tu subjetividad, al menos, sea siempre privada, siempre tu libertad, no es posible violarla.

Sí, uno puede estudiar su propia interioridad, y uno puede hacer un esfuerzo para expresar en palabras lo que ha encontrado dentro de sí. Quizá puede eso darte alguna idea de tu propia subjetividad, no exactamente lo mismo, sino algún atisbo, o al menos la posibilidad de que hay cierta esencia interior en ti que necesita ser descubierta; un ánimo de que si alguna otra persona puede hacerlo, ¿por qué no puedes hacerlo tú? Quizá el método que él utilizó en su propio viaje interior puede ayudarte a ti a encontrar métodos adecuados para ti. Quizá un poco modificados, cambiados, pero los mismos métodos pueden ser aplicables.

Pero durante diez mil años, han estado disponibles ciento doce métodos para ir hacia el interior. No se puede añadir ni un solo método más. La ciencia de la búsqueda interior está completa. Puedes mirar esos ciento doce métodos y es mi experiencia y la experiencia de muchos de los de mi gente, que cuando llegas al método que será adecuado para ti, algo inmediatamente se regocija en ti, como si algo en tu corazón hubiera sido tocado, una campana empieza a sonar dentro de ti.

Así que para atravesar esos ciento doce métodos —y cada método es descrito en dos líneas— tú solo vas despacio y miras qué método sincroniza contigo. Después, pruébalo. Lo más probable es que sea el método. Si por casualidad no triunfas con él, entonces busca de nuevo. Algún otro método puede ser incluso más atractivo. Pero para toda la humanidad, todos los métodos están allí. Y cuando llegues al método que va a ser tu viaje, algo inmediatamente se enciende en tu ser. Tu mente se queda en silencio, tú sabes —no por cualquier autoridad externa, sino por los latidos de tu corazón— que «este es el método para mí».

Y cuando empieces a trabajar en el método, verás lo relajante que es, y lo sencillo, lo suave. Y en cada paso, te sentirás más asentado, más enraizado, no más falso, no más americano, no más plástico. Por primera vez, sentirás que eres real, auténtico. Y a medida que profundices con el método, la sensación de alegría, de sensibilidad, continuará aumentando.

El amor, sin ninguna razón, no dirigido a alguien, solo una sensación amorosa, te rodea. Y cuando llegas al mismo centro de tu ser, hay una explosión de intensa luz y una fragancia que nunca has conocido.

Los que son un poco receptivos pueden incluso llegar a ser conscientes de que algo grandioso te ha ocurrido, porque tu cara adquirirá cierta cualidad que puedes encontrar en las estatuas de Gautama Buda. Tus ojos, por primera vez, tendrán magnetismo; tus gestos tendrán gracia. Todo tu cuerpo tendrá una belleza y una bendición para ti y para todos. Según madura esta experiencia, te conviertes en una bendición para toda la existencia.

Es cierto que no se puede hacer investigación objetiva sobre él, pero eso no significa que este mundo subjetivo no existe. Esa sería una conclusión estúpida. Sería como un ciego que no puede ver la luz; de ahí concluye que la luz no existe.

Hay cosas que están objetivamente disponibles para ser estudiadas, pero son siempre *cosas*, no la vida, no el amor, no la consciencia. Todo lo que es importante es subjetivo. Y es uno de los mayores infortunios de la humanidad que los científicos continúen insistiendo en que a menos que puedas estudiar algo objetivamente, no existe. Eso significa que en el laboratorio de Albert Einstein todo existe excepto Albert Einstein. Entonces, ¿quién está haciendo todos esos experimentos? ¿Quién está observando e investigando, y quién está encontrando electrones y protones y neutrones? Todos existen porque son objetivos. Albert Einstein no existe porque su consciencia no está disponible para el estudio objetivo. Esto es pura estupidez.

Tus ojos no pueden oír música; eso no significa que la música no exista. Tus oídos no pueden ver la luz, eso no significa que la luz no exista. Simplemente significa que estás utilizando los medios equivocados, los oídos para ver, los ojos para oír.

El método del estudio objetivo es para las cosas, la materia. Y el viaje interior —porque no es una investigación de la materia sino de la consciencia— necesita métodos diferentes. Esos son los métodos que estoy llamando meditaciones.

Para el mundo objetivo, la observación, los experimentos, estos son los métodos. Para el mundo subjetivo, presenciar, experimentar, estos son los métodos.

Y una de las reglas fundamentales de la ciencia es que todo existe con su polo contrario. El polo contrario no es contradictorio; es complementario. Si existe el amor, existe el odio; si existe la belleza, existe la fealdad. Y si existe la realidad objetiva, no puedes negar la realidad subjetiva; de lo contrario, irás contra la regla fundamental de la ciencia misma. La realidad objetiva necesita, como polo contrario, una realidad subjetiva. Y ciertamente no se pueden aplicar los mismos métodos a ambas. Se necesitan métodos diferentes.

La meditación no te ayudará a descubrir la energía atómica, las armas nucleares; de lo contrario, Oriente habría descubierto esa locura hace mucho. Y los métodos objetivos no te permitirán descubrir el ser real del hombre. Y sin conocer el ser real del hombre, puedes tener todas las riquezas del mundo, pero en lo profundo de ti seguirás siendo pobre, miserable. Oriente y Occidente —el enfoque objetivo y el enfoque subjetivo— son ambos la mitad. Mi esfuerzo es que lleguen a ser uno. No hay necesidad de dividir.

Rudyard Kipling ha afirmado: «Occidente es Occidente y Oriente es Oriente, y están condenados a no entenderse». Está muerto, pero a veces pienso en sacarlo de la tumba y preguntarle: «¿Dónde está la frontera que divide el este del oeste?». Tú estás, en comparación con un lugar, al este, y en comparación con otro, al oeste. ¿Y qué estupidez es esa de que «están condenados a no entenderse»? Se están encontrando siempre en cada punto, porque el mismo punto puede llamarse Occidente y el mismo punto puede llamarse Oriente. Calcuta está al este de Bombay, Bombay está al oeste de Calcuta. Pero Calcuta está al oeste de Rangún y Rangún está al este de Calcuta.

Rudyard Kipling era el poeta laureado del imperio británico. Para mí es simplemente un idiota. Oriente y Occidente se encuentran en todas partes, excepto en el hombre. Las cosas se vuelven más fáciles; es solo una cuestión de la mente del hombre. En la realidad, no hay división; la división es solo mental.

Y en mi gente esa división ha desaparecido. Mi gente no pertenece a Oriente u Occidente. Afirman que toda la tierra es suya. Reclaman la realidad objetiva como propia. Reclaman el mundo subjetivo como propio.

Para representar esto, he llamado al hombre nuevo Zorba el Buda. Zorba representa lo materialista, el enfoque objetivo. Buda representa lo subjetivo, el enfoque espiritual.

Divididos, ambos son pobres. Ninguno es un ciclo completo. Unidos, se vuelven inmensamente ricos. Unidos, experimentan el éxtasis más grande que está disponible para la humanidad.

Usted dijo una vez que las drogas producen sueños químicos, experiencias imaginarias. Y J. Krishnamurti dice que todas las prácticas de yoga, todas las técnicas de meditación, son como drogas, producen cambios químicos y, por lo tanto, las experiencias. Por favor, comente esto.

Krishnamurti tiene razón. Muy difícil de entender, pero tiene razón. Todas las experiencias son posibles por medio de los cambios químicos: todas, sin excepción. Ya sea que tomes LSD o que ayunes, en ambos casos, el cuerpo sufre un cambio químico. Ya tomes mariguana o hagas cierto *pranayam*, un ejercicio de respiración, en ambos casos el cuerpo sufre un cambio químico. Trata de entenderlo.

Cuando ayunas, ¿qué ocurre? Tu cuerpo pierde unas cuantas sustancias químicas que tienen que ser suministradas todos los días por el alimento. Si no proporcionas esas sustancias químicas, entonces el equilibrio ordinario se pierde; y puesto que ayunar produce un desequilibrio, puedes empezar a sentir unas cuantas cosas. Si ayunas durante el tiempo suficiente, tendrás alucinaciones. Si ayunas durante veintiún días o más, te volverás incapaz de juzgar si lo que estás viendo es real o irreal, porque para eso se necesita una sustancia química particular y se ha perdido.

De ordinario, si de repente Krishna se cruza contigo en la calle, la primera idea en surgir será que debes estar viendo una alucinación, una ilusión, un sueño. Te frotarás los ojos y mirarás a tu alrededor, o le preguntarás a alguien: «Venga aquí. Por favor, mire. ¿Puede ver a alguien parado delante de mí, con aspecto de ser Krishna?». Pero si ayunas durante veinticinco días, la distinción entre la realidad y el sueño se pierde. Entonces si Krishna está parado delante, tú crees que está ahí.

¿Has observado a los niños pequeños? No pueden distinguir entre la realidad y el sueño. Por la noche, soñaron con un juguete y por la mañana sollozan y lloran: «¿A dónde se ha ido el juguete?». Esa sustancia química particular que te ayuda a juzgar tiene que producirse todavía, solo entonces el niño será capaz de distinguir entre lo real y lo irreal.

Cuando tomas alcohol, esa sustancia química se destruye.

Mulla Nasruddin estaba enseñando a su hijo. Sentado en una taberna, estaba diciéndole cuándo detenerse. Así que dijo: «Mira. Mira a ese rincón. Cuando empieces a ver cuatro personas en lugar de dos, debes saber bien que es el momento de dejar de beber e irte a casa».

Pero el hijo dijo: «Papá, no hay dos personas, ¡solo hay una sentada!». El padre está ya borracho.

Cuando tomas alcohol, ¿qué ocurre? Un cambio químico. Cuando tomas LSD, ¿qué ocurre? ¿O mariguana u otras cosas? Algún cambio químico, y empiezas a ver cosas que no habías visto nunca. Empiezas a sentir cosas; te vuelves muy sensible.

Y ese es el problema; no puedes persuadir a un adicto de dejar la droga, porque la realidad real parece tan plana, aburrida. Una vez que ha visto la realidad a través de sus sustancias químicas, a través de los cambios químicos... los árboles eran más verdes y las flores tenían más fragancia porque podía proyectar, podía crear un mundo ilusorio. Ahora dile: «Detente. Tus hijos están sufriendo, tu esposa está sufriendo, tu trabajo se está yendo a la basura, ¡detente!». Pero no puede detenerse, porque tuvo un atisbo de un mundo irreal, pero hermoso. Ahora, si se detiene, el mundo parece demasiado áspero, ordinario. Los árboles no parecen tan verdes y las flores no huelen tan bien; incluso la esposa —a favor de la cual estás tratando de persuadirlo— parece muy ordinaria, muerta, un asunto de rutina. Cuando está bajo la influencia de la droga, su propia esposa se convierte en una Cleopatra, la mujer más hermosa del mundo. Vive una vida de sueño.

Todas las experiencias son químicas, sin excepción. Cuando respiras mucho, produces mucho oxígeno dentro del cuerpo; la cantidad de nitrógeno cae. Más oxígeno cambia la química interior. Empiezas a sentir cosas que nunca sentiste. Si giras como en las danzas derviches, rápido, si das vueltas, el cuerpo cambia; las sustancias químicas cambian al dar vueltas. Te sientes mareado; se abre un nuevo mundo. Todas las experiencias son químicas.

Cuando tienes hambre, el mundo parece diferente. Cuando estás satisfecho, saciado, el mundo parece diferente. Un hombre pobre tiene un mundo diferente. Sus sustancias químicas difieren.

Una mujer tiene un mundo diferente; un hombre tiene un mundo diferente. Sus sustancias químicas difieren.

Cuando uno se vuelve sexualmente maduro, a la edad de catorce o quince años, surge un mundo diferente porque fluyen a la corriente sanguínea nuevas sustancias químicas. Para un niño de siete años, si hablas de sexo y orgasmo sexual, pensará que eres tonto —«¿Qué bobadas estás diciendo?»—, porque esas sustancias químicas no están fluyendo, esas hormonas no están en la corriente sanguínea. Pero a la edad de catorce o quince años, los ojos están llenos de sustancias químicas nuevas, una mujer ordinaria repentinamente está transformada.

Mulla Nashruddibn solía ir a las colinas durante las vacaciones. A veces iba para quince días y volvía al décimo. El jefe le preguntaba: «¿Qué pasa? ¿Pediste quince días de vacaciones y vuelves cinco días antes?». Y a veces pedía dos semanas de vacaciones y volvía después de cuatro semanas. «Entonces, ¿qué pasa?», preguntaba el jefe.

El Mulla decía: «Hay cierta lógica en ello. En las colinas tengo una casita, y la cuida una mujer vieja, muy fea. Así que este es mi criterio: cuando empiezo a ver que la fea mujer es una mujer hermosa, huyo. A veces ocurre después de ocho días, a veces de diez días... es fea y horrible. No puedes pensar que pueda ser hermosa. Pero cuando empiezo a pensar en ella y empieza a venir a mis sueños y siento que es hermosa, entonces sé que es el momento de volver a casa; de lo contrario, hay peligro. Así que nadie sabe. Si estoy bien sano, viene antes, en siete días. Si no estoy tan saludable, entonces, toma dos semanas. Si estoy muy débil, toma tres semanas. Depende de las sustancias químicas».

Todas las experiencias son químicas, pero hay que hacer una distinción. Hay dos formas. Una es poner las sustancias dentro, inyectarlas, fumar o echarlas al cuerpo. Vienen del exterior, son intrusas. Eso es lo que toda la gente de la droga está haciendo alrededor del mundo. La otra forma es cambiar el cuerpo, ayunando, respirando...

eso es lo que todos los yoguis han estado haciendo en Oriente. Pertenecen al mismo camino; la diferencia es muy pequeña. La diferencia es que la gente de la droga toma drogas del exterior, se entrometen en la bioquímica del cuerpo, y los yoguis tratan de cambiar el equilibrio de su propio cuerpo, no de inmiscuirse desde afuera. Pero, en mi opinión, ambas son lo mismo.

Pero si tienes urgencia de experimentar, te diré que escojas el camino de los yoguis, porque de esta forma no serás dependiente, serás más independiente. Y de esa forma, nunca te convertirás en un adicto, y de ese modo, tu cuerpo conservará su pureza, su unidad orgánica. Y de ese modo, por lo menos, no estarás quebrantando la ley, no será posible una detención policial. Y de ese modo, puedes ir más allá fácilmente. ¿Eh?... eso es lo más importante.

Si metes sustancias químicas de afuera en el cuerpo, te quedarás con ellas. Será difícil, más difícil cada día ir más allá. De hecho, te volverás cada vez más dependiente, tan dependiente que perderás toda la vida, todo el encanto de la vida, y la experiencia de la droga, se convertirá en toda tu vida, todo su centro.

Si te mueves a través del yoga, a través de los cambios internos en la química del cuerpo, nunca serás dependiente, y serás capaz de ir más allá. Porque todo el objeto de la religión es ir más allá de las experiencias. Ya sea que experimentes colores hermosos —arco iris por todas partes a través del LSD— o que experimentes el cielo a través de ejercicios de yoga, básicamente no hay diferencia. De hecho, hasta que vayas más allá de todas las experiencias, de todas las experiencias objetivas, hasta que llegues al punto en el que solo permanece el testigo y ninguna experiencia para ser experimentada, solo permanece el experimentador; no has tocado la frontera de la religión.

Krishnamurti tiene razón. Pero las personas que lo escuchan lo malinterpretan. Pensando que todas las experiencias son fútiles, han seguido siendo ordinarios; no han hecho ningún esfuerzo. Sé que todas las experiencias son fútiles; finalmente, uno tiene que dejarlas, pero antes de que puedas dejarlas tendrás que tenerlas. Son como la escalera: tiene que dejarse atrás, pero uno tiene que subir. Uno solo puede dejarla cuando la ha cruzado. Todas las experiencias son infantiles, pero uno tiene que pasar por ellas para volverse maduro.

La verdadera experiencia religiosa no es una experiencia en absoluto. La experiencia religiosa no es experiencia: es llegar a la experiencia donde todo lo conocido-desconocido conocible-incognoscible, desaparece. Solo el ser que presencia permanece; solo una consciencia pura, sin experiencia que la contamine: no ves a Jesús, no ves a Buda, no ves a Krishna de pie ahí.

Por eso, los maestros zen dicen: «Si te encuentras al Buda en el camino, mátalo inmediatamente». Los seguidores de Buda dicen: «Si te encuentras al Buda en el camino, mátalo inmediatamente». Una gran enseñanza, ¿eh?... porque Buda es tan hermoso que puedes ser encantado en un sueño, y entonces puedes continuar con los ojos cerrados viendo a Buda o a Krishna tocando la flauta. Puedes estar viendo un sueño muy religioso, pero aun así es un sueño, no la realidad.

La realidad es tu consciencia. Todo lo demás tiene que ser trascendido. Si puedes recordar eso, entonces uno tiene que pasar por todas las experiencias, pero tiene que *atravesarlas*.

Si persigues las experiencias mucho —como todo el mundo, es parte de su crecimiento— es mejor escoger los ejercicios de yoga que las drogas. Los ejercicios de yoga son más sutiles, más refinados. Debes ser consciente del hecho que India ha experimentado con todas las drogas. Norteamérica es solo una recién llegada en el mundo. Desde el *somarasa* en los rig-vedas hasta el *ganja,* India ha probado todo y ha llegado a entender que esto es solo perder el tiempo. Entonces, India probó los ejercicios de yoga. Después, muchas veces, personas como Buda, Mahavira, llegaron a un nivel donde descubrieron que incluso los ejercicios de yoga son inútiles; tienen que abandonarse.

Krishnamurti no está diciendo algo nuevo. Es la experiencia de todos los budas. Pero recuerda: una experiencia puede convertirse en una experiencia para ti, solamente cuando la alcances. Nadie puede dártela; no puede tomarse prestada. Si eres todavía infantil y sientes que necesitas experiencias, es mejor tenerlas a través de los ejercicios de yoga. Finalmente, esto también tiene que abandonarse.

Pero si escoges entre el LSD y el *pranayam*, es mejor escoger el *pranayam*. Serás menos dependiente y más capaz de trascender, porque la consciencia no se habrá perdido en ello. En el LSD, la consciencia se perderá completamente.

Escoge siempre algo más alto. Siempre que haya una posibilidad, y que quieras escoger, escoge una cosa más alta. Llegará un momento en el que no querrás escoger nada... entonces sin elección.

Ayer mientras estaba sentado en zazen, sentí que me golpeaban con un bastón en la cabeza. Pero en ese momento, nadie me había golpeado. Hoy, también, durante su conferencia, fui golpeado dos veces en la cabeza, pero no había nadie con bastón por ahí. ¿Esto es magia sin mago?

Es pura imaginación, y en el camino de la meditación la imaginación es el mayor escollo. Se consciente de ello. Puedes imaginar tan profundamente y puedes creer en tu imaginación tan intensamente que puede parecer más real que lo real.

La imaginación es una gran fuerza. En el camino de la meditación, la imaginación es una barrera; en el camino del amor, la imaginación es una ayuda. En el camino del amor, la imaginación se utiliza como un recurso: se te dice que imagines tan intensa y apasionadamente como sea posible. Pero en el camino de la meditación, esa misma cosa se convierte en una barrera.

Imaginación simplemente significa que visualizas cierta cosa, pero pones tanta energía en ella que casi se vuelve real. Cada noche, todos soñamos. Mientras estamos soñando, todos los sueños parecen reales.

Llegar a saber en un sueño que es un sueño será su fin; entonces, te encontrarás despierto. El sueño puede continuar solo si crees que es real. E incluso la gente que es muy escéptica, que duda, la que tiene una actitud científica, incluso ellos siguen creyendo por la noche, siguen creyendo en sus sueños. Todas las mañanas descubres que era solo imaginación, pero de nuevo cada noche te vuelves víctima de ello. Y de nuevo cuando el sueño se despliega, empiezas a creer en él.

En el camino de la meditación, el agarre de esta facultad de sueño tiene que aflojarse. Gurdieff solía decir a sus discípulos: «A menos que puedan recordar en un sueño que es un sueño, nunca despertarán». Todo este mundo es un sueño, un sueño es un mundo privado, el mundo es un sueño común. Si no puedes despertar mientras estás soñando, será imposible despertar mientras estás despierto, porque ahora el sueño es muy grande, y no es solo tu energía la que está creando el sueño, es la energía de todos. Será difícil. Si no puedes llegar a ver que algo en tu sueño es falso, cuando tú solo eres el que decide y nadie más puede interferir...

No es asunto de nadie más. No puedes invitar a nadie más a tu sueño porque es muy privado. Un sueño es un mundo absolutamente privado. No puedes invitar a nadie más a tu sueño; no puedes pedir la opinión de nadie más sobre tu sueño, sea verdadero o falso. Depende absolutamente de ti. Y si no puedes siquiera despertar en esto, ¿cómo será posible que despiertes en el gran *maya*, la gran ilusión que es el mundo?

Así pues, Gurdieff solía decir que el primer esfuerzo es despertar en un sueño y ver que el sueño es un sueño. Tenía unas cuantas técnicas para aprender a despertar en un sueño. Enseñaba a sus discípulos que todas las noches, cuando fueran a dormir, debían repetir tan profundamente como fuera posible, tan apasionadamente como fuera posible: «Esta vez, cuando empiece a soñar por la noche, levantaré la mano y me tocaré la cabeza. E inmediatamente que me toque la cabeza, me ocurrirá el recuerdo de que esto es un sueño». Durante meses, el discípulo pensaba, se autosugestionaba. Todas las noches al quedarse dormidos, repetían eso una y otra vez con profunda pasión, así que entraba en las mismas capas inconscientes de la mente.

Cuando entra más profundamente que el sueño, entonces un día ocurre; mientras está soñando, automáticamente, la mano va a la cabeza y repentinamente recuerda que es un sueño. Pero en el momento en que recuerda que es un sueño, el sueño sencillamente se marchita, se desvanece. Está despierto mientras duerme y el sueño lo ha dejado.

Si ocurre que despiertas en un sueño, por la mañana, todo el mundo ha cambiado. No es más el mismo mundo porque tus ojos son claros, has alcanzado cierta claridad de percepción. Ahora, los sueños no pueden engañarte; ahora, ves las cosas como son. No proyectas.

Cuídate de la imaginación. Te gustaría que te dijera que sí, era yo. Te sentirías muy realizado si fuera yo el que te golpeaba la cabeza. A la gente le gusta creer en milagros; de ahí que los milagros ocurren, porque a la gente le gusta creer. La gente se siente feliz creyendo en sus sueños; mantienen dando energía a sus sueños. Por eso, has vivido durante muchas, muchas vidas, en un mundo de ensueño.

No voy a cooperar contigo de ninguna manera. Fue pura imaginación; lo imaginaste. Ahora quieres también mi ayuda.

He oído:

El rabino de Chelm era distraído por unos niños mientras preparaba un sermón. Gritó desde la ventana para ahuyentarlos: «Corran al río donde un terrible monstruo está en el agua. Está respirando fuego y es un feo dragón».

Los niños corrieron a ver qué estaba pasando. La gente los siguió, la multitud creció.

Cuando el rabino vio a la muchedumbre corriendo, preguntó: «¿A dónde va todo el mundo?».

«Al río, donde hay un monstruo respirando fuego. Es un feo dragón verde».

El rabino se unió a la carrera. «No es verdad; yo lo inventé», pensó, mientras jadeaba. Pero aun así, uno nunca puede estar seguro.

Puedes estar creando algo, pero si los demás empiezan a creerlo, tú empezarás a creerlo. Esta es tu imaginación. Si digo: «Sí, era verdad», entonces tú lo creerás de repente, y pensarás que has creído en mí. Has simplemente tomado mi apoyo para tu propio sueño.

La mente es una gran mentirosa; sigue mintiéndote. Cuídate de los trucos de la mente.

Una niñita mentía siempre. Le regalaron un perro San Bernardo y esta niñita salió y les dijo a todos los vecinos que le habían regalado un león.

La madre la llamó y dijo: «Te dije que no mintieras. Vete arriba y dile a Dios que lo sientes. Prométele a Dios que nunca mentirás de nuevo».

Ella subió al segundo piso y dijo sus oraciones y después bajó.

Su madre dijo: «¿Le dijiste a Dios que lo sientes?».

La niñita dijo: «Sí, lo hice, y Dios dijo que a veces a él le cuesta trabajo diferenciar a mi perro de un león también».

Así es como continúa la cosa. Pero no te voy a ayudar de ninguna manera, porque cualquier intento de ayuda será destructivo para ti. En el camino de la meditación, en el camino del zen, toda imaginación tiene que evitarse. Tienes que ser indiferente hacia ella.

Y cuanto más entres en la meditación, más tratará de distraerte la imaginación. No es un fenómeno nuevo, ha ocurrido siempre. Todos los grandes meditadores han pasado por ello. Buda es distraído por Mara, el dios de los demonios. Jesús es distraído por el demonio. Los místicos sufís son distraídos por Satán. No hay Satán, ni Mara, ni demonio. El verdadero demonio está en tu mente, la imaginación.

Hay historias de videntes hindúes que cuando alcanzan el paso final de su meditación son distraídos por Indra. Envía hermosas doncellas, *apsaras*, a distraerlos. ¿Pero por qué alguien distraería a estos pobres santos? ¿Por qué? No están haciendo daño a nadie. Han dejado el mundo, están sentados bajo sus árboles o en sus cuevas en el Himalaya, ¿por qué enviarles hermosas doncellas?

Nadie envía a nadie. No hay una agencia como esa. La imaginación está haciendo los últimos trucos, y cuando tu meditación se profundiza, se provocan capas más profundas de la imaginación. Ordinariamente, cuando no hay meditación, vives en la superficie de la mente. Por supuesto, tu imaginación es también superficial entonces. Cuanto más profundo te mueves en la meditación, las más profundas capas de la imaginación te serán reveladas, serán más reales. Serán tan reales que no puedes pensar siquiera que pueden ser imaginación.

Ahora puedes incluso aportar pruebas de que no son imaginación. Por ejemplo, esta persona que ha sido golpeada dos veces puede incluso mostrar su cabeza y puedes ver las señales. Ahora bien, dirá: «¿Cómo puede ser imaginación? Nadie me ha golpeado ¿y estas marcas están aquí?». Entonces pregunta a las personas que saben de hipnosis. En la hipnosis profunda, el hipnotizador sugiere que está poniendo fuego en tu mano y no pone nada; pero la mano se quema. Ahora bien, ¿qué pasó? Fue solamente que la imaginación trabajó tremendamente. El cuerpo está también bajo el control de la imaginación. Así que si te consideras hermoso, te volverás hermoso. Si te consideras feo, te volverás feo. Tu imaginación moldeará tu cuerpo.

Por eso hay personas que caminan sobre el fuego. Si tu imaginación se toma en serio que no vas a quemarte y que Dios te está protegiendo, no te quemarás. Puedes cruzar un pozo lleno de carbones encendidos sin quemarte. Pero si surge siquiera una ligera sospecha en tu mente, entonces te quemarás inmediatamente. Porque esta ligera sospecha es un resquicio en tu imaginación. Entonces, no estás ya protegido por el sello de tu imaginación.

Así que cuanto más profundo llegues en la meditación, más profundos serán los juegos de la imaginación. A veces, vendrá como *apsaras*, hermosas doncellas, bailando, provocando, seduciéndote. A veces, vendrá como tremendos monstruos de fuego, arrojando fuego por la boca. O cualquier cosa que puedas imaginar te rodeará. Y si quedas atrapado en ello, si por un solo momento olvidas que esto es imaginación, entonces la imaginación ha destruido tu penetración en la meditación. Eres arrojado a la superficie de nuevo. Entonces, tendrás que buscar el camino de nuevo. Así que si estás sentado en zazen, como ha dicho el que preguntó, entonces recuérdalo.

Pero esta es una buena señal. Que pudieras imaginar tan profundamente muestra que la meditación está haciéndose profunda. Cuanto más profunda la meditación, más profunda será la imaginación. Solo en el último punto toma el control la meditación. Hasta el final, continúa la lucha entre la imaginación y la meditación. Y a veces la imaginación es tan hermosa... esta no es una imaginación tan hermosa, ¡has sido golpeado dos veces! Aun así quieres creerlo, porque solamente pensar que han empezado a ocurrirte milagros, solo pensar que tu maestro está trabajando fuertemente en ti, solo pensar que insiste en hacerte consciente y te golpea en la cabeza cuando te estás quedando dormido, es muy alimentador para el ego.

Hay muchas imaginaciones hermosas; llegarán. Se te mostrarán flores y podrás casi olerlas. Es posible que puedas imaginar muy profundamente que caen rosas sobre ti y puedas olerlas. Eso está bien, ¡pero alguien que esté pasando a tu lado puede que sea capaz de oler las rosas! Entonces, se vuelve tremendamente poderosa.

Significa que tu imaginación no es solo pasiva; se ha vuelto activa. Estás produciendo cierto olor en tu cuerpo con tu imaginación. Tu cuerpo tiene todo lo que tiene la Tierra. La Tierra crea la rosa. Si el rosal no está ahí, no puedes oler rosas en la Tierra; no hay olor. Pero si pones un rosal ahí, un día de repente florece y el olor está ahí. La Tierra estaba conteniendo el olor y el rosal ayudó al olor a llegar a una expresión. Tu cuerpo es Tierra; contiene todo lo que contiene la Tierra. Si tu imaginación es tremenda, no solo tú olerás; los demás también pueden oler la rosa. Pero aun así, es imaginación. Tu imaginación funcionó como un rosal; ayudó a expresar algo que estaba oculto dentro de ti.

El hombre es Tierra. La palabra humano viene de «humus». Humus significa la Tierra. La palabra hebrea «adam» viene de una raíz hebrea que significa la Tierra. Estamos hechos de tierra, somos Tierras en miniatura. Llevamos todo lo que está oculto en la Tierra; esa es nuestra potencialidad también. Una vez que ayudas a través de la imaginación, tu potencial empieza a convertirse en actual.

Pero en el camino de la meditación, incluso experiencias hermosas como estas deben evitarse. Porque una vez que entras en ellas, estás entrando en la mente, y todo el esfuerzo es para dejar la mente, para librarse de la mente. Una vez que la mente no está ahí, tú estás completamente separado del cuerpo, la mente es el puente, la mente te conecta con el cuerpo. Abandonada la mente, está el cuerpo, la tierra, y estás tú, el cielo: realidades totalmente separadas. Entonces, te has convertido en un testigo.

Así que si la próxima vez te ocurre —esta magia sin mago— y sientes un golpe en la cabeza, no te preocupes por el golpe; simplemente permanece consciente. Solo observa. Sea verdadero o falso es irrelevante; mantente como testigo. Simplemente mantente como observador; no te involucres de ninguna manera y pronto desaparecerá. Y una vez que hayas aprendido la técnica de soltar los juegos de la imaginación, será tremendamente beneficioso para ti. Porque cuanto más entres en la meditación, más vendrá la imaginación. Olas cada vez más fuertes de imaginación atravesarán tu ser y tendrás que estar consciente y alerta.

Si es difícil para ti, imposible para ti, entonces el camino de la meditación no es para ti. Entonces son para ti el camino del amor, el camino de *bhakti* y la devoción, donde la imaginación no se evita sino que se utiliza. Entonces, olvídate de zazen, no es para ti. Entonces, olvida todo sobre Buda, Mahavira; ese camino no es para ti. Entonces, instálate en el reino de Meera, Chaitana, Mahoma. Entonces, instálate en el mundo de la devoción. Por ejemplo, hay rieles, el tren corre sobre ellos, son una ayuda, sin rieles el tren no correrá. Pero si empiezas a mover un automóvil sobre esos rieles, estarás en dificultades. Son una ayuda para los trenes, pero no pueden servir de ayuda a los automóviles. Los automóviles necesitan un camino más libre, más libertad. Así que recuerda siempre, algo que es un obstáculo en un camino no tiene por qué ser un obstáculo en otro.

Pero si escoges zazen... creo que la persona que ha hecho esta pregunta se beneficiará tremendamente en el camino de zazen, porque tal imaginación que creyó verdadera muestra sencillamente que su sentarse está ayudando. Se está relajando en capas más profundas de la consciencia.

Tengo demasiada energía sexual ardiendo en el cuerpo. Cuando bailo, a veces siento que voy a matar a todo el mundo y en algunos momentos bulle tanta ira y violencia en mi cuerpo que no puedo canalizar la energía en técnicas de meditación y me enloquece. No siento dedicarme al acto sexual, pero la energía violenta está aún ardiendo como fuego volcánico. No puedo soportarlo. Por favor, explique cómo darle una salida creativa a esta energía.

El problema lo crea la mente, no la energía. Escucha a la energía. Te está mostrando la dirección correcta. No es la energía sexual la que está creando el problema; nunca ha creado ningún problema en los animales, en los árboles, en los pájaros. La energía crea problemas porque tu mente tiene una actitud equivocada hacia ella.

Esta pregunta es de una dama india. En India, toda la educación es contra el sexo. Entonces, tú creas el problema. Y entonces, siempre que hay energía te sentirás sexual porque algo está incompleto dentro de ti. Algo que está frustrado esperará siempre y afirmará energía, explotará energía.

En los métodos dinámicos de meditación, se produce mucha energía. Se abren muchas fuentes escondidas y se vuelven disponibles nuevas fuentes. Si el sexo ha permanecido como un deseo frustrado, entonces, esta energía empezará a moverse hacia el sexo. Te volverás cada vez más sexual si meditas.

Déjame decirte una cosa que ocurrió en India. Los monjes jaina dejaron de meditar completamente a causa de la energía sexual. Dejaron a un lado toda la meditación, porque estaban reprimiendo tanto el sexo que siempre que meditaban surgía la energía. Es una fuente de energía eterna, no puedes agotarla. Así que siempre que surgía la energía, empezaban a sentirse sexuales. Empezaron a tener miedo a las meditaciones. Las abandonaron. La cosa más esencial que les había dado Mahavira, la abandonaron, y lo no esencial —el ayuno y el ritual— lo continuaron. Encajan con una actitud antisexual.

No soy antisexual porque no soy antivida. Así que no hay problema donde crees que lo hay: el problema está en tu cabeza, no en tus glándulas sexuales. Tendrás que cambiar tu actitud; de lo contrario, cualquier cosa que hagas estará coloreada por tu sexualidad. Meditas y se volverá sexual, miras a alguien y tus ojos se volverán sexuales, tocas a alguien y tu mano se volverá sexual, comes algo y comer se volverá sexual.

Las personas que niegan el sexo empiezan a comer más. Puedes verlo en la vida. Fluyendo libremente, las personas sexualmente fluidas no serán muy gordas, no comerán demasiado. El amor es tan satisfactorio que no rellenarán su cuerpo de comida. Cuando no pueden amar, o cuando no pueden permitirse instalarse en el amor, empiezan a comer demasiado. Esa se convierte en una actividad sustituta.

Vete a ver a los monjes hindús. Siguen recogiendo grasa innecesaria. Se vuelven feos. Ese es otro extremo. En un extremo, están los monjes jaina que no pueden comer porque tienen miedo de que una vez que coman, la comida liberará energía y la energía inmediatamente se trasladará al deseo incompleto que está esperando por ella. Primero, va a la experiencia incompleta que está esperando en el medio; ese es el primer requisito, así que la energía se mueve hacia allí.

El cuerpo tiene cierta economía: dondequiera que se necesita primero la energía, allí se mueve primero. Hay una jerarquía de necesidades. Una persona que ha estado negando el sexo tendrá una jerarquía; el sexo será lo primero en la lista y siempre que haya energía disponible empezará a moverse hacia el deseo más frustrado. Así que los monjes jaina no pueden comer bien, tienen miedo, y los monjes hindús comen demasiado. El problema es el mismo, pero lo han resuelto de dos maneras extremas.

Si comes demasiado, empiezas a obtener cierto disfrute sexual al comer, al llenar el vientre demasiado. Demasiada comida trae letargo. Y demasiada comida es siempre un sustituto para el amor, porque la primera cosa con la que un niño entra en contacto es el seno de la madre. Ese seno es la primera experiencia en el mundo y el seno da dos cosas al niño: amor y comida.

Así que el amor y la comida se entrelazan profundamente uno con otra. Siempre que falta el amor, tu mente infantil pensará: «Consigue más comida. Compleméntalo». ¿Lo has observado alguna vez? Cuando te sientes muy lleno de amor, tu deseo de comer desaparece, no sientes mucho apetito. Pero siempre que falta el amor, empiezas a comer demasiado, no sabes qué hacer ahora. El amor estaba llenando cierto espacio dentro de ti; ahora, ese espacio está vacío y no conoces ninguna otra forma de llenarlo que con comida. Creas problemas al negar la naturaleza, al rechazar la naturaleza.

Así que me gustaría decir a la persona que pregunta que no es una cuestión de meditación. Señora, usted necesita amor. Necesita un amante. Y necesita valor para instalarse en ello.

Es difícil instalarse en el amor; hay muchos miedos ocultos en ello. El amor produce tanto miedo como ninguna otra cosa puede producir, porque en el momento en que empiezas a acercarte al otro, tienes que salir de ti mismo. ¿Y quién sabe? El otro puede aceptarte o rechazarte. Surge el miedo. Empiezas a sentir dudas, si hacer el movimiento o no, si acercarte al otro o no. De ahí que en todo el mundo las épocas cobardes del pasado han decidido a favor del matrimonio en lugar del amor, porque si a la gente se le dejara abierta al amor, muy pocas personas serían capaces de amar. La mayoría moriría sin amor; vivirían y arrastrarían sus vidas sin amor.

Porque el amor es peligroso... En el momento en que empiezas a moverte hacia otro, estás cerca de chocar con otro mundo. ¿Quién sabe si tu acercamiento será aceptado o rechazado? ¿Cómo puedes estar seguro de que el otro va a decir sí a tu necesidad y a tu deseo? ¿Que el otro va a ser compasivo, amoroso? ¿Cómo lo sabes? Puede rechazarte. Puede decir no. Tú puedes decir: «Te amo», ¿pero qué garantía hay de que él sienta amor también por ti? Puede que no. No es obligación que sea así. El miedo al rechazo es muy aplastante.

Así pues, las personas astutas e inteligentes deciden no moverse. Mantente para ti; al menos no serás rechazado. Y puedes continuar reforzando tu ego con la idea de que nadie te ha rechazado nunca, aunque ese ego sea absolutamente impotente y no sea suficiente para satisfacerte. Necesitas que te necesiten; necesitas que alguien te acepte; necesitas que alguien te ame, porque solo cuando otra persona te ame, podrás amarte tú, no antes. Cuando alguien te acepte, serás capaz de aceptarte, no antes. Cuando otro se sienta feliz contigo, empezarás a sentirte feliz contigo, no antes. El otro se convierte en un espejo.

Cada relación es un espejo. Te refleja. ¿Cómo puedes conocerte sin el espejo? No hay manera. Los ojos de los demás se vuelven como espejos y cuando alguien te ama, ese espejo es muy, muy comprensivo contigo; muy, muy feliz contigo; encantado contigo. En esos ojos encantados, te reflejas y por primera vez surge cierta aceptación.

Por otra parte has sido rechazado desde el comienzo. Forma parte de la fea estructura de la sociedad que todo niño llegue a sentir que no es aceptado por sí mismo. Si hace algo bueno —por supuesto lo que los padres piensan que es bueno—, si hace eso, es aceptado. Si hace algo malo —lo que los padres piensan que es malo—, es rechazado.

El niño más temprano o más tarde empieza a sentir: «No soy aceptado por mí mismo, no como soy, no intrínsecamente, sino por lo que hago. No es mi ser el que es amado, sino mi hacer». Y eso crea un profundo rechazo por uno mismo, un profundo odio por uno mismo. Empieza a odiarse.

Si no te enamoras, si no encuentras amantes y amigos que puedan aceptarte, permanecerás con ese rechazo toda tu vida. El amor es una necesidad. Debes moverte a través del amor. Puedes salir de él algún día, puedes trascenderlo algún día —tiene que ser trascendido—, ¿pero cómo puedes trascenderlo si nunca entras en él?

Así que no tengas miedo. Y abandona todas las tonterías de la cabeza. Sí, hay miedo. Puede que seas rechazado, pero no tengas miedo de ese miedo. Hay que tomar ese riesgo; solo entonces alguien llegará y te aceptará. Si llamas a cien puertas y noventa y nueve permanecen cerradas, no tengas miedo, una se abrirá. Alguien está esperando por ti. Alguien se sentirá realizado a través de ti y tú te sentirás realizado a través de alguien. Alguien está esperando a convertirse en un espejo para ti, porque alguien está esperando hacerte un espejo para él. Y no hay otra forma de averiguar quién es ese alguien, que ir llamando a la puerta, a tientas. Es arriesgado, pero la vida es arriesgada.

Así que la gente lista se pierde la vida; nunca se arriesgan. Temerosos de caer, nunca caminan; temerosos de ahogarse, nunca nadan; temerosos del rechazo, nunca se mueven hacia el amor; temerosos del fracaso, nunca hacen un esfuerzo por triunfar en nada, su vida no es vida en absoluto. Están muertos antes de su muerte. Mueren muchas veces antes de morir realmente, toda su vida no es nada más que una muerte gradual.

Vive, y vive intensamente, y no tomes como una ofensa personal si alguien no puede amarte; no hay obligación. Estabas listo, estabas disponible. Si el otro no está dispuesto, es decisión suya. No lo conviertas en una herida, no lo es. Simplemente, quiere decir que los dos no encajan —eso es todo—; no quiere decir nada sobre ti o sobre el otro. No digas que el otro está equivocado y no pienses que no eres aceptado porque estás equivocado. Es solo que no pudieron encajar.

Y es bueno que el otro no te engañara, que dijera: «Lo siento; no siento amor por ti». Por lo menos fue sincero y auténtico. Porque si hubiera dicho un sí formal, entonces toda tu vida habría sido un desastre. Se sincero. Cuando ames, dilo, y cuando no, dilo también. Se auténtico y sincero.

Y hay tanta gente hermosa en el mundo, ¿por qué quedarte dentro de ti? Camina unos pasos con alguien. Siente ese ritmo también. Ese ritmo te satisfará y el deseo irresistible desaparecerá. Y cuando el deseo desaparezca, tu meditación será lo primero en la jerarquía. La meditación puede ser lo primero en la jerarquía, solo si no te has estado negando a aquello que es natural.

Una persona que ha estado ayunando no puede meditar porque siempre que medita piensa en comida, siempre que cierra los ojos visualiza comida. Un hombre que se niega el amor no puede meditar; siempre que medita, inmediatamente la sexualidad lo rodea.

Satisface todas las necesidades naturales; no hay nada malo en ellas. ¿Qué hay de malo en la comida, en el sexo? No hay nada malo. Satisfácelas. Se tan natural que cuando medites, no haya otra cosa esperando por tu atención. Si satisfaces tus necesidades naturales, verás que tus sueños desaparecerán. Por la noche, no soñarás porque no hay nada en qué soñar. Ayuna; entonces, soñarás con comida. Fuérzate al celibato; entonces, soñarás con sexo. Si te mueves naturalmente, si has encontrado una sintonía entre tú y la naturaleza… eso es lo que yo llamo *dharma*, es lo que llamo la ley suprema de la vida. Encuéntrate casi siempre en ritmo. A veces, incluso si pierdes el paso vuelve otra vez; recuerda y vuelve a la fila de nuevo. Permanece con la naturaleza y encontrarás a Dios. Puedes olvidarte incluso de Dios; entonces, también lo encontrarás, si permaneces fiel a la naturaleza. Porque cuando se satisfacen las necesidades inferiores, surgen las necesidades superiores; cuando están satisfechas las necesidades superiores, surgen las necesidades supremas. Esta es la economía natural de la vida.

Si una persona tiene hambre, ¿cómo puede comprender la música? Es un puro absurdo pedirle que escuche música clásica cuando tiene hambre. O decirle que medite o que se siente en zazen. No puede pensar nada sobre Buda, no puede pensar nada sobre Dios o Jesús. No puede meditar; su mente vacilará y se tambaleará, irá una y otra vez a su estómago vacío. No, no puede amar la poesía y no puede amar la música cuando las primeras necesidades están insatisfechas. Dale satisfacción a las necesidades primarias —comida, abrigo, amor— y entonces súbitamente la energía se libera del mundo inferior y empezará a leer poesía, a escuchar música; disfrutará del baile. Ahora surgen necesidades más elevadas: le gustará pintar o esculpir. Esos son lujos. Solo nacen cuando están satisfechas las necesidades inferiores. Y cuando esas necesidades más elevadas estén también satisfechas —has amado la música, has escuchado música; has amado la poesía, la has disfrutado; has pintado, bailado— un día verás que está surgiendo un nuevo reino de necesidades llamadas las necesidades supremas: la meditación, Dios, la oración.

Si las primeras necesidades no están satisfechas, las segundas no surgirán, y las terceras ni hablar. Si las primeras necesidades están satisfechas, entonces hay una posibilidad para que las segundas surjan y para que ocurra un atisbo de las terceras también. Cuando las segundas están satisfechas, las terceras surgen automáticamente por sí solas.

El otro día, en la Meditación de Kundalini, había dos perros mirando. Después de un rato, un perro miró al otro y dijo: «Cuando yo actúo así, me dan pastillas para las lombrices».

Por supuesto, un perro tiene mente de perro. Tiene su propio mundo, su propia terminología, su propia comprensión, sus conceptos propios. Solo puede pensar que las personas que están haciendo kundalini, o tienen lombrices en la barriga o se han vuelto locas. Y eso es natural, para la comprensión de un perro.

Tu mente ha sido condicionada durante siglos por la gente que no ha entendido tus necesidades reales. No se han preocupado en absoluto. Buscaban otra cosa y se las han arreglado muy bien... Buscaban dominar a la gente. Y la forma más fácil es crear una consciencia culpable; entonces, es muy fácil dominar a la gente. Una vez que existe la culpa, estarás dominado por uno u otro, por esto o aquello, pero estarás dominado. Una persona culpable nunca se siente a gusto consigo misma; no puede tener confianza. Sabe que está equivocada; así que busca un líder, busca una iglesia, busca a alguien que lo guíe. No tiene confianza; de ahí surge la necesidad. Políticos, sacerdotes, han trabajado muy duro para crear una conciencia culpable en todo el mundo. Ahora esa conciencia culpable está creando problemas.

Abandónala. La vida es tuya. No pertenece a nadie más. Ningún político, ningún sacerdote, tiene nada que ver con ella. No permitas que nadie se entrometa en tu vida. Es totalmente tuya.

Y tu cuerpo te da la orientación correcta; el cuerpo es muy sabio. La mente ha llegado hace poco. El cuerpo ha vivido millones de años; sabe lo que se necesita. Es la mente la que interfiere. La mente es muy inmadura, el cuerpo es muy maduro. Escucha al cuerpo.

Y cuando digo escucha al cuerpo, no quiero decir que permanezcas confinado en el cuerpo. Si escuchas al cuerpo, el cuerpo no tendrá nada que decirte; las cosas se pondrán en orden. Y cuando el cuerpo esté a gusto, relajado, y no haya tensión, y no esté luchando por algo, no esté tratando de atraer tu atención porque no estás satisfaciendo una necesidad, cuando el cuerpo esté calmado y tranquilo, podrás flotar alto, podrás volar alto, podrás convertirte en una nube blanca. Pero solo cuando las necesidades del cuerpo verdaderamente reciban cuidado. El cuerpo no es tu enemigo; es tu amigo. El cuerpo es tu tierra, el cuerpo tiene todas tus raíces. Tienes que encontrar un puente entre tú y tu cuerpo. Si no encuentras ese puente, estarás constantemente en conflicto con tu cuerpo, y una persona que está luchando consigo misma es siempre desgraciada.

Lo primero es llegar a un pacto de paz con tu cuerpo y no romperlo nunca. Una vez que hayas llegado a un pacto de paz con tu cuerpo, tu cuerpo se volverá muy, muy amistoso. Cuidas del cuerpo y el cuerpo cuidará de ti, se vuelve un vehículo de tremendo valor, se vuelve el verdadero templo. Un día tu cuerpo mismo se te revela como el verdadero santuario de Dios.

¿Puede uno estar absorbido en hacer algo —por ejemplo, estas técnicas de meditación activa— con total, absoluta intensidad, y al mismo tiempo permanecer como un testigo que está separado, aparte?

Tú crees que un testigo es algo aparte, separado. No lo es. Tu intensidad, tu totalidad, es tu testigo. Así que cuando estás presenciando y haciendo algo no son dos, el que actúa es el testigo.

Por ejemplo, estás bailando. Estás bailando: el que baila y el testigo no son dos, no hay separación. La separación está solo en el lenguaje. El danzante es el testigo. Y si el danzante no es testigo, entonces, no puedes ser total en la danza, porque el testigo necesitará energía y tendrás que dividirte. Una parte permanecerá como testigo y el resto se moverá en la danza. No puede ser total, estará dividido. Y esto no es lo que se pretende, porque realmente este es el estado de un esquizofrénico, dividido, partido. Si te vuelves dos, estás enfermo. Debes permanecer siendo uno. Debes instalarte totalmente en la danza, y tu totalidad se convertirá en el testigo. No va ser algo separado, toda tu totalidad es consciente. Eso ocurre.

Así pues, no trates de dividirte. Mientras bailas, conviértete en la danza. Solo permanece alerta; no te duermas, no seas inconsciente. No estás bajo los efectos de la droga, estás alerta, plenamente alerta.

Pero este estado de alerta no consiste en que una parte esté distante; es tu totalidad, es todo tu ser.

Solo en el lenguaje parecerán dos, el danzante y el testigo, pero en lo profundo eres el uno. El danzante completo está alerta. Entonces, solo paz, equilibrio, silencio, te sucederán. Si estás dividido, habrá tensión, y esa tensión no te permitirá estar totalmente aquí y ahora, fundirte en la existencia.

Así que recuerda eso: no trates de dividirte. Conviértete en el danzante y aun así se consciente. Esto ocurre. Estoy diciendo esto a través de mi experiencia. Estoy diciendo esto a través de la experiencia de muchos otros que han trabajado conmigo. Esto te ocurrirá a ti también. Esto puede haberles ocurrido a muchos ya. Pero recuerda esto: no te dividas. Permanece uno y sin embargo consciente.

Parece que solía poder meditar, creo. Un estado hermoso, silencioso, transparente, llegaba de alguna parte; suponía que esto era meditación. Ahora, no llega nada excepto una mente galopante. ¿Qué ocurrió?

Casi siempre ocurre así. Los días cuando sentías que una especie de meditación te estaba ocurriendo eran los días en que no la buscabas; te estaba ocurriendo. Ahora estás tratando de hacerla suceder, y ahí está toda la diferencia. Todas las cosas que son realmente valiosas en la vida solo *suceden*; no puedes hacerlas suceder, no puedes *hacerlas*. Puede ser la meditación, puede ser el amor, puede ser el arrobamiento, puede ser el silencio… cualquier cosa que esté más allá de la mente está más allá de tu capacidad de hacerla; solo puedes hacer cosas que están en el territorio de la mente.

La mente es una hacedora, pero tu ser no es un hacedor. Tu ser es solo una apertura y una aceptación profunda de cualquier cosa que pase, sin lamentos, sin rencor, solo una pura gratitud. Y eso tampoco es hecho por ti; eso forma también parte de lo que ocurre. Tenemos que tener muy clara esta distinción; casi todo el mundo se confunde. Algo te ocurre —es tan hermoso, tan gozoso—; la mente empieza inmediatamente a desear que ocurra más, que ocurra más a menudo, que sea más profundo. En el momento en que entra la mente, perturba todo. La mente es el demonio, el destructor.

Así que uno tiene que ser muy consciente de que a la mente no se le debería permitir interferir en cosas de más allá. La mente es perfectamente buena como mecánico, como técnico. Dale a tu mente lo que puede hacer, pero no la dejes interferir en cosas que están más allá de su capacidad. Pero uno de los problemas es que la mente no es más que desear, desear más. En lo que concierne al mundo del hacer, puedes tener una casa más grande, puedes tener una casa mejor, puedes tener mejores muebles, puedes hacerlo todo mejor; está dentro de la capacidad de la mente.

Pero más allá de la mente... la mente solo puede desear, cada deseo va a ser frustrado. En vez de traer más meditación, te traerá más frustración. En vez de traerte más amor, te traerá más ira. En vez de silencio y paz, traerá más tráfico de pensamientos, y eso le pasa a casi todo el mundo. Así que es algo natural que uno tiene que dejar.

Dices: «Solía poder meditar. Un estado hermoso, silencioso, transparente, llegaba de alguna parte; suponía que esto era meditación». Ni lo estabas esperando ni lo estabas deseando, era solo un huésped, como una brisa que te llega. Pero no puedes conservarlo, y no puedes ordenarle que venga. Viene cuando viene. Y una vez que entiendes esto, dejas de intentarlo.

Has oído la expresión: «Inténtalo y vuelve a intentarlo». Me gustaría decirte: no lo intentes y vuelve a no intentarlo. Siempre que surja la idea de intentar, abandónala inmediatamente, porque nunca trae nada. ¿Cuál es el problema de abandonar el fracaso, la frustración, la desesperación y la desesperanza? Simplemente abandónalas y olvídate de la meditación.

Un día, de repente, encontrarás que se abre una ventana y que una brisa fresca con nuevos rayos ha llenado tu corazón. Una vez más, ¡no cometas el mismo error! Agradece lo que está ocurriendo, pero no pidas más; y llegará más. No pidas: «Vuelve otra vez»; tu petición se convertirá en la barrera.

Volverá de nuevo, volverá más a menudo. Lentamente, lentamente, se convierte en el latido de tu corazón; despierto, dormido, está siempre ahí, nunca se va. Pero no es algo que tú haces. No puedes alardear de que «Lo he hecho». Solo puedes decir: «He permitido a lo desconocido que me lo haga»; es siempre desde lo desconocido desde donde entran las grandes experiencias en nuestro pequeño corazón, y cuando intentamos con toda la fuerza obtenerlas, nos ponemos tan tensos que la misma tensión las impide.

Cuando no estás tratando y estás relajado —no estás siquiera preocupado por la meditación y cosas así—, súbitamente, encuentras los pasos de lo desconocido, algo de ninguna parte, que se acercan a ti. Míralo con asombro, no con deseo. Míralo con gratitud, pero no con codicia.

Dices: «Ahora, nada llega excepto una mente galopante. ¿Qué ocurrió?». Te hiciste consciente de lo desconocido. Una pequeña prueba de meditación, y te volviste codicioso, deseoso. Tu deseo, tu codicia, estropeó todo el juego. Aun así, todo puede ponerse en orden. Ves la mente galopando continuamente; déjala galopar, simplemente observa, se solamente un testigo, un observador.

Mirar simplemente la mente es uno de los mayores secretos de la vida, porque no muestra que funciona, ¡pero funciona! Simplemente mientras observas, indiferente, desinteresado, como si no tiene nada que ver contigo, esos pensamientos empiezan a volverse más ralos, hay menos tráfico en la pista de la mente.

Lentamente, lentamente, hay pequeños lapsos, y en esos lapsos tendrás un atisbo de lo que solías tener. Pero no saltes sobre ello; no seas codicioso. Disfrútalo; también pasará, no trates de aferrarte a ello. Los pensamientos comenzarán a volver; de nuevo, llegará un lapso, un lapso más grande. Lentamente, lentamente, ocurrirán lapsos más grandes, cuando la mente estará vacía.

En esa mente vacía el más allá puede entrar en ti, pero la condición básica es que no debes aferrarte a ella. Si viene, bien; si no, bien. Quizá no estés maduro, quizá no es el momento; aun así, da gracias. Uno tiene que aprender la observación y la gratitud. Incluso cuando no está sucediendo nada que tú en lo profundo quieras que ocurra, se agradecido. Quizá no es el momento adecuado para ti, quizá no ayudará a tu crecimiento.

Te he contado a menudo la historia de un místico sufí, Junnaid. Era el maestro de al-Hillaj Mansoor y se volvió muy famoso a causa de Mansoor. Mansoor fue muerto por los fanáticos tradicionalistas ortodoxos, y a causa de Mansoor, el nombre de Junnaid se hizo también famoso. Mansoor fue discípulo de Junnaid.

Junnaid solía ir en peregrinación todos los años al lugar sagrado de los mahometanos, la Kaaba. No estaba muy lejos de su casa, y la tradición de los mahometanos exige que vayan a la Kaaba por lo menos una vez en la vida; si no, no son mahometanos completos. Pero la Kaaba estaba tan cerca de su casa que solía ir todos los años con sus discípulos. Era el tipo de santo revolucionario. De hecho, ningún otro que no sea revolucionario es santo; solo fachada, actores, aparentadores e hipócritas.

La gente de los pueblos por los que Junnaid tenía que pasar estaba enfadada con él. Unos cuantos pueblos estaban tan enfadados que no le daban nada de comer, ni siquiera agua para beber y no le permitían pernoctar en el pueblo.

Era la oración habitual de Junnaid —los mahometanos oran cinco veces al día— y después de cada oración, levantaba las manos a Dios y decía: «Estoy muy agradecido a ti. ¿Cómo podría expresar mi gratitud? Me cuidas de todas las formas posibles; tu compasión es infinita, tu amor no conoce límites».

Los discípulos estaban cansados porque cinco veces todos los días, y en situaciones en las que podían ver que no había ningún cuidado por parte de Dios, no habían recibido comida, no habían recibido agua, no habían recibido cobijo del sol ardiente del desierto... Una vez ocurrió que durante tres días continuamente fueron expulsados, apedreados, privados de comida, de agua, de cobijo; pero Junaid continuaba su plegaria de la misma manera.

Al tercer día, los discípulos se descontrolaron. Dijeron: «Ya está bien. ¿Por qué dices "tú eres compasivo", "tu amor es grande", "tú cuidas de nosotros en todos los detalles posibles"?. Durante tres días no hemos comido nada, tenemos sed, no hemos dormido bajo techo, hemos estado durmiendo en el desierto, tiritando en la noche fría. ¿De qué estás agradecido?".

La respuesta que les dio Junnaid a sus discípulos merece ser recordada. Dijo: «Durante estos tres días, ¿creen que no puedo ver que no se nos ha dado comida, que hemos sido expulsados, que hemos sido apedreados, que tenemos sed, que durante tres días tuvimos que quedarnos al raso en el desierto? ¿No ven que yo también soy consciente de ello? Pero esto no significa que Él no está cuidando de nosotros. Quizá esta es la forma como está cuidando de nosotros; quizá esto es lo que necesitamos en este momento.

»Es muy fácil, cuando la vida transcurre cómodamente, dar gracias a Dios. Ese agradecimiento no significa nada. Estos tres días he estado observando; lentamente, lentamente, todos ustedes han dejado de darle gracias después de la oración; han fallado en el test. Era un test hermoso. Incluso si la muerte viene a mí, moriré con agradecimiento. Me dio la vida; se la llevó. Era Suya, es Suya, será Suya. ¿Quién soy yo para interferir en Sus asuntos?».

Así que habrá épocas en las que no encontrarás ningún momento de paz, silencio, meditación, amor, arrobamiento. Pero no pierdas la esperanza. Quizá esos momentos son necesarios para cristalizarte, para hacerte fuerte. Da gracias, no solo cuando las cosas van bien, sino cuando todo va mal. Un hombre que puede ser agradecido cuando todo va mal es realmente agradecido; conoce la belleza de la gratitud. Para él, las cosas pueden ir mal por siempre, pero su gratitud es una fuerza tan transformadora que va a cambiarlo todo.

Así que no te preocupes por la mente galopante; déjala correr. Permítele correr tan plenamente como sea posible; no se lo evites, no trates de detenerla, solo se el observador. Sal de la mente y déjala correr, y pronto, sin falta, como una ley natural, empezarán a ocurrir los lapsos. Y cuando los lapsos ocurran, no te pongas demasiado feliz de que «lo logré». Permanece relajado. Disfruta esos lapsos también, pero sin codicia y sin deseo, porque desaparecerán; y desaparecerán pronto, si te pones codicioso. Si no eres codicioso, si no deseas, puede que permanezcan por más tiempo.

Este es todo el entrenamiento de la meditación. Pronto llega el día en que la mente está completamente silenciosa, llena de gran alegría, silencio. Pero recuerda: no es algo que tú haces. Si aunque sea por un solo momento crees que es obra tuya, puede desaparecer. Recuerda siempre que tú eres la obra de la existencia. Todo lo que es grande te va a ocurrir, no por tu esfuerzo, sino por tu apertura relajada, por tu disponibilidad.

Solo mantén las puertas abiertas.

El huésped llegará; nunca ha sido de otra manera.

El huésped siempre llega.

El hijo de Pat se hizo actor y una noche llegó corriendo a casa a hablar a su padre con gran excitación: «Adivina qué, papá», anunció. «Me acaban de dar mi primer papel. Represento a un hombre que ha estado casado durante veinticinco años».

«Sigue en ello, hijo», dijo Pat, «algún día puede que te den un papel en el que hables».

En tu caso, es justamente lo contrario. Ahora mismo estás en el papel hablado; sigue en ello, algún día ciertamente conseguirás el papel silencioso también. Pero no hay nada de que preocuparse. La vida tiene que tomarse de manera juguetona, con un gran sentido del humor. En los buenos tiempos y en los malos tiempos, cuando las cosas suceden y cuando no suceden, cuando llega la primavera y cuando, a veces, la primavera no llega a ti...

Recuerda: no somos los hacedores en lo que se refiere a las cosas que están más allá de la mente; somos solo los receptores. Y para volverse un receptor, tienes solamente que volverte un observador de tu mente, porque por medio de la observación, aparecen esos lapsos. En esos lapsos, tu puerta está abierta. Y a través de esa puerta, las estrellas pueden entrar a ti, las flores pueden entrar en ti. Incluso cuando entren en ti estrellas y flores, no seas codicioso, no trates de conservarlas. Vienen de la libertad y, deberías recordar, permanecerán contigo solo en libertad. Si destruyes su libertad, las destruyes también. Su libertad es su verdadero espíritu.

Es mi experiencia continua de miles de personas que cuando vienen por primera vez a meditar, la meditación ocurre muy fácilmente, porque no tienen idea de lo que es. Una vez que ha ocurrido, surge el verdadero problema; entonces la quieren, saben lo que es, la desean. La codician; está ocurriéndoles a los demás y no les está ocurriendo a ellos. Entonces, los celos, la envidia y toda clase de cosas malas los rodean.

Permanece siempre inocente en lo que se refiere a las cosas de más allá de la mente. Permanece siempre como aficionado, no te vuelvas nunca un experto. Eso es lo peor que puede ocurrirle a cualquiera. •

SOBRE EL AUTOR

Osho desafía las clasificaciones. Sus miles de charlas cubren todo, desde la búsqueda individual del significado hasta los problemas sociales y políticos más urgentes que enfrenta la sociedad en la actualidad. Los libros de Osho no han sido escritos, sino trascritos de las grabaciones de audio y video de sus charlas extemporáneas ante audiencias internacionales. Tal como él lo expone: «Recuerden: lo que estoy diciendo no sólo es para ustedes... estoy hablando también para las futuras generaciones». Osho ha sido descrito por el *Sunday Times* en Londres como uno de los «1 000 Creadores del Siglo XX» y por el autor estadounidense Tom Robbins como «el hombre más peligroso desde Jesucristo». *El Sunday Mid-Day* (India) ha seleccionado a Osho como una de las diez personas —junto con Gandhi, Nehru y Buda— que han cambiado el destino de la India. Con respecto a su propia obra, Osho ha declarado que está ayudando a crear las condiciones para el nacimiento de una nueva clase de seres humanos. Él con frecuencia caracteriza a este nuevo ser humano como «Zorba el Buda», capaz tanto de disfrutar los placeres terrenales de un Zorba el Griego, como la serenidad silenciosa de un Gautama el Buda. Un tema principal a través de todos los aspectos de las charlas y meditaciones de Osho es una visión que abarca tanto la sabiduría eterna de todas las eras pasadas como el potencial más alto de la ciencia y la tecnología de hoy en día (y del mañana). Osho es conocido por su contribución revolucionaria a la ciencia de la transformación interna, con un enfoque en la meditación que reconoce el paso acelerado de la vida contemporánea. Sus Meditaciones Activas OSHO® están diseñadas para liberar primero las tensiones acumuladas del cuerpo y la mente, de tal manera que después sea más fácil emprender una experiencia de quietud y relajación libre de pensamientos en la vida diaria.

Disponible una de sus obras autobiográficas:

Autobiografía de un místico espiritualmente incorrecto.
Barcelona: Kairos, 2001.

OSHO INTERNACIONAL MEDITATION RESORT

Ubicación: ubicado a 100 millas al sureste de Mumbai en la moderna y floreciente ciudad de Pune, India, el Resort de Meditación de OSHO Internacional es un destino vacacional que hace la diferencia. El Resort de Meditación se extiende sobre 40 acres de jardines espectaculares en una magnífica área residencial bordeada de árboles.

Originalidad: cada año, el Resort de Meditación da la bienvenida a miles de personas provenientes de más de 100 países. Este campus único ofrece la oportunidad de una experiencia personal directa de una nueva forma de vida: con mayor sensibilización, relajación, celebración y creatividad. Está disponible una gran variedad de opciones de programas durante todo el día y durante todo el año. ¡No hacer nada y simplemente relajarse en una de ellas!

Todos los programas se basan en la visión de OSHO de «Zorba el Buda», una clase de ser humano cualitativamente diferente que es capaz *tanto* de participar de manera creativa en la vida diaria *como* de relajarse en el silencio y la meditación.

Meditaciones: un programa diario completo de meditaciones para cada tipo de persona, incluye métodos que son activos y pasivos, tradicionales y revolucionarios, y en particular, las Meditaciones Activas OSHO®. Las meditaciones se llevan a cabo en lo que debe ser la sala de meditación más grande del mundo: el Auditorio Osho.

Multiversidad: las sesiones individuales, cursos y talleres cubren todo: desde las artes creativas hasta la salud holística, transformación personal, relaciones y transición de la vida, el trabajo como meditación, ciencias esotéricas, y el enfoque «Zen» ante los deportes y la recreación. El secreto del éxito de la Multiversidad reside en el hecho de que todos sus programas se combinan con la meditación, la confirmación de una interpretación de que como seres humanos somos mucho más que la suma de nuestras partes.

Spa Basho: el lujoso Spa Basho ofrece una piscina al aire libre rodeada de árboles y prados tropicales. El espacioso *jacuzzi* de estilo único, los saunas, el gimnasio, las canchas de tenis… todo se realza gracias a su increíble y hermoso escenario.

Cocina: una variedad de diferentes áreas para comer sirven deliciosa comida vegetariana occidental, asiática e hindú, la mayoría cultivada en forma orgánica especialmente para el Resort de Meditación. Los panes y pasteles también se hornean en la panadería propia del centro.

Vida nocturna: se pueden elegir diversos eventos en la noche entre los cuales bailar ¡es el número uno de la lista! Otras actividades incluyen meditaciones con luna llena bajo las estrellas, espectáculos de variedades, interpretaciones musicales y meditaciones para la vida diaria.

O simplemente puede disfrutar conociendo gente en el Café Plaza, o caminar bajo la serenidad de la noche por los jardines de este escenario de cuento de hadas.

Instalaciones: usted puede adquirir todas sus necesidades básicas y artículos de tocador en la Galería. La Galería Multimedia vende una amplia gama de productos multimedia OSHO. También hay un banco, una agencia de viajes y un Cibercafé en el campus. Para aquellos que disfrutan las compras, Pune ofrece todas las opciones, que van desde los productos hindúes étnicos y tradicionales hasta todas las tiendas de marcas mundiales.

Alojamiento: puede elegir hospedarse en las elegantes habitaciones de la Casa de Huéspedes de Osho, o para permanencias más largas, puede optar por uno de los paquetes del programa Living-in. Además, existe una abundante variedad de hoteles y apartamentos con servicios incluidos en los alrededores.

www.osho.com/meditationresort

PARA MAYOR INFORMACIÓN

www.**OSHO**.com

Página web en varios idiomas que incluye una revista, los libros de OSHO, las charlas OSHO en formatos de audio y video, el archivo de textos de la Biblioteca OSHO en inglés e hindi, y una amplia información sobre las meditaciones OSHO. También encontrarás el plan del programa de multiversidad OSHO e información sobre el OSHO INTERNATIONAL MEDITATION RESORT.

Páginas web:

http://OSHO.com/resort
http://OSHO.com/magazine
http://OSHO.com/shop
http://www.youtube.com/OSHO
http://www.oshobytes.blogspot.com
http://www.twitter.com/OSHOtimes
http://www.facebook.com/pages/OSHO.international

http://www.flickr.com/photos/oshointernational
http://www.osho.com/todosho

Para contactar a OSHO International Foundation:

www.osho.com/oshointernational,
oshointernational@oshointernational.com

ACERCA DEL CÓDIGO QR

Este código QR te enlazará con el canal de YouTube de Osho Internacional, facilitándote por defecto el acceso a una amplia selección de Osho Talks, las charlas originales de Osho, subtituladas al español, seleccionadas para proporcionar al lector un aroma de la obra de este místico contemporáneo. Para poder disfrutar de los subtítulos en español asegúrate de seleccionar español en el menú del visor de Youtube.

Osho no escribía libros; sólo hablaba en público, creando una atmósfera de meditación y transformación que permitía que los asistentes vivieran la experiencia meditativa.

Aunque las charlas de Osho son informativas y entretenidas, éste no es su propósito fundamental. Lo que Osho busca es brindar a sus oyentes una oportunidad de meditar y de experimentar el estado relajado de alerta que constituye la esencia de la meditación.

Éstos son algunos de los consejos de Osho para escuchar sus charlas:

«El arte de escuchar está basado en el silencio de la mente, para que la mente no intervenga, permitir simplemente lo que te está llegando.»

«Yo no digo que tengas que estar de acuerdo conmigo. Escuchar no significa que tengas que estar de acuerdo conmigo, ni tampoco significa que tengas que estar en desacuerdo.»

«El arte de escuchar es sólo puro escuchar, factual, sin distorsión.»

«Y una vez que has escuchado entonces llega un momento en el que puedes estar de acuerdo o no, pero lo primero es escuchar.»

Si no dispones de un Smartphone también puedes visitar este enlace:

https://bit.ly/OSHOTalks_SpanishList

Aprender a silenciar la mente de Osho
se terminó de imprimir en el mes de agosto de 2022
en los talleres de Diversidad Gráfica S.A. de C.V.
Privada de Av. 11 #1 Col. El Vergel, Iztapalapa,
C.P. 09880, Ciudad de México.